世纪波
Century Wave

INNOVATION

Leveraging Constraints for Innovation

New Product Development Essentials from the PDMA

反向创新

PDMA新产品开发实践精要

[德] 希巴斯汀·古丁尼尔（Sebastian Gurtner）
[德] 杰乐娜·斯班杰欧（Jelena Spanjol） 编
[美] 阿比·格里芬（Abbie Griffin）
楼政 梁楹 译

電子工業出版社
Publishing House of Electronics Industry
北京·BEIJING

Leveraging Constraints for Innovation: New Product Development Essentials from the PDMA by Sebastian Gurtner, Jelena Spanjol, Abbie Griffin
ISBN: 9781119389309

版权贸易合同登记号　图字：01-2019-0891

图书在版编目（CIP）数据

反向创新：PDMA 新产品开发实践精要 /（德）希巴斯汀・古丁尼尔（Sebastian Gurtner），（德）杰乐娜・斯班杰欧（Jelena Spanjol），（美）阿比・格里芬（Abbie Griffin）编；楼政，梁楹译. —北京：电子工业出版社，2020.5

书名原文：Leveraging Constraints for Innovation: New Product Development Essentials from the PDMA

ISBN 978-7-121-38795-1

Ⅰ. ①反…　Ⅱ. ①希…　②杰…　③阿…　④楼…　⑤梁…　Ⅲ. ①产品开发　Ⅳ. ①F273.2

中国版本图书馆 CIP 数据核字（2020）第 047057 号

责任编辑：晋　晶
文字编辑：袁桂春
印　　刷：天津千鹤文化传播有限公司
装　　订：天津千鹤文化传播有限公司
出版发行：电子工业出版社
　　　　　北京市海淀区万寿路 173 信箱　邮编：100036
开　　本：720×1000　1/16　印张：13.25　字数：193 千字
版　　次：2020 年 5 月第 1 版
印　　次：2020 年 5 月第 1 次印刷
定　　价：59.00 元

凡所购买电子工业出版社图书有缺损问题，请向购买书店调换。若书店售缺，请与本社发行部联系，联系及邮购电话：（010）88254888，88258888。

质量投诉请发邮件至 zlts@phei.com.cn，盗版侵权举报请发邮件至 dbqq@phei.com.cn。

本书咨询联系方式：（010）88254199，sjb@phei.com.cn。

推荐序

美国产品开发管理协会（Product Development and Management Association，PDMA）是世界领先的产品开发和产品管理专业人士（包括从业者、学者和服务提供商）协会。2016 年，PDMA 与中国国际人才交流基金会（原国家外专局培训中心。——译者注）开展合作，在中国推出产品经理认证（New Product Development Professional，NPDP）。这一合作非常成功。在中国认证培训机构的积极推动下，中国 NPDP 认证人数从 2015 年的 0 人增长到 2019 年的 5 000 人左右。

NPDP 认证旨在为有抱负的产品开发和产品管理专业人士提供知识并构建能力。这些专业人士在掌握知识和形成能力的基础上，推出成功的新产品，取得更多产品创新的成功，为组织创造更多的收益。

PDMA 产品经理知识体系提供了这些知识和能力的核心。在过去的四十多年里，我们在收集大量建议的基础上对该知识体系进行了优化和更新。PDMA 出版的《产品创新管理》杂志是研究产品创新的全球领先期刊；通过比较评估调查（Comparative Assessment Surveys）获得最佳绩效公司所采用的产品创新实践方法；杰出企业创新奖（Outstanding Corporate Innovator Awards）提供了可以直接向一些在产品创新领域领先企业的学习机会。此外，PDMA 还出版了一系列书籍，包括《产品经理 NPDP 知识体系指南》《NPDP 认证和培训指南》《PDMA 新产品开发手册》《PDMA 新产品开发工具书》，还有三本 PDMA 经典书籍，分别为《开放式创新》《设计思维》《反向创新——PDMA 新产品开发实践精要》。

PDMA 经典书籍的最新著作是由国际创新专家团队撰写的《反向创新——

PDMA 新产品开发实践精要》。该书提供了个体、组织、市场和社会约束的框架，指导管理人员识别创新活动中的具体约束，并提供了相应的工具和方法，帮助他们突破这些约束。

该书分为三篇，分别为引入创新时的个体约束，进行新产品开发时的组织约束，以及推出新产品时的市场约束。创新约束不等同于新产品失败因素，理解这一基本要点将为新产品成功上市创造良好环境。

第 1 篇重点介绍了创新中的个体约束。作者讨论了一张白纸是如何抑制创造力的，模拟了创新时遇到的障碍，从而提升解决问题的创造力。具体来说，第 1 章告诉我们，可持续约束可以提高新产品开发创意生成的质量。第 2 章提出了一个简单的四阶段模型，以突破个体对创新的约束，即缺乏知识转移。第 3 章讨论了消费者是如何成为接受创新的障碍的，尤其是当他们觉得需要遵守不成文的社会规范时。

第 2 篇为创新团队提供了可操作的模型和方法，以克服组织对创新的约束。第 4 章的作者介绍了体育用品行业通过“创新智库”方法实现创新成功的案例研究。内部创新者在新产品开发中面临的障碍之一是缺乏技能并受到运营限制。使用创新智库，提供培训以及获得创新实验所需的专用空间和时间，可以提高创新质量并加强合作者间的协作。第 6 章概述了虚拟团队模式。如今，大多数组织都无法安排新产品开发团队进行集中办公。虚拟团队可以通过启动和构建、沟通、有效会议、知识管理和领导力来突破创新约束，从而超越传统团队。虚拟团队模式有 16 种实践做法，可以提供给不同行业分散办公的团队成员，用来改善他们的沟通。

第 3 篇讨论了市场约束，尤其关注低端市场和新兴市场的弱势群体。第 7 章建议在为低端市场消费者设计产品时，应尽早在创新过程中削减成本。在低端市场环境进行产品定价时必须考虑要为大众服务这一要点。第 8 章建议让消费者参与产品设计和开发，不论其语言、习俗或区域。第 9 章强调对创新社会和文化的整体看法，建议通过积极引入当地资源和精心设计开发流程，从而实现成功。

总之，本书是宝贵的知识来源，适合那些想找到突破个体约束、组织约束和市场约束的框架、模型和方法的从业者。无论行业、产品规模或投入的努力程度如何，从事创新工作的人都应该阅读本书。本书尤为适合那些希望立即提高对消费者和团队沟通的关注度，以突破创新约束的人和组织。

艾伦 · 安德森（Allan Anderson）
PDMA 主席

译者序

拿到本书的英文原版稍作浏览，我就认定这是一本不同寻常的好书。理由是，它具有鲜明的“逆向思维”和“反弹琵琶”特点。它从失败和约束的视角来研究、总结和揭示创新规律，并给出了实用的解决方案。创新者不仅要了解创新的正面，还要了解创新的反面，本书给创新者掀开了创新的另一面。

我在创新和新产品开发项目一线实践近二十年，后来从事培训和管理咨询十多年，亲身经历、辅导过上千个创新和新产品开发项目，有过成功，也有过失败。比起成功，失败更让人刻骨铭心。创新为什么会失败？当带着这个问题去查阅与创新相关的书籍或文献时，我鲜有收获。满目扑来的都是成功的创新、成功的产品、成功的商业模式、成功的市场营销，给人一种创新好像喝咖啡一样轻松容易的错觉。恰恰相反，创新是艰苦卓绝的工作，很多创新不成功甚至遭遇惨败，就是因为一方面创新面临非常多的风险、挑战、约束、障碍甚至抵触，另一方面创新要求创新者具备较高的专业能力。

当下，有些人梦想快速成功、一夜暴富，有些人急于求成、短视冒进，但要想创新成功，我们需要更多的冷静和理智。本书就像苦口的良药一样，让人们冷静下来，理性思考，看清创新的两面。

本书汇集了众多国际创新专家的实践研究成果，融新颖独到的视角、广泛的创新主题、大量鲜活的一手实践素材、简明扼要的方法、独特有效的解决方案为一体，观点独到、结构严谨、篇幅适中、图文并茂，每章独立成文，章和章之间又相互关联。内容覆盖了如何兼顾商业需求和社会需求、消除知识共享障碍和突破消费者心理约束的方法，解决组织约束、虚拟团队模式和智力服务企业遇到的典型问题的方案，以及如何在新兴市场、低端市场、资源短缺型市场和不同文化背景下创新的建议。

在国家创新战略引领下，中国社会的创新实践方兴未艾，涌现了大量创新活动。但是，当下很多创新活动是靠勇气、灵感和个人经验驱动的，缺乏专业方法和系统理论指导，本书正好弥补了这方面的空白，给国内读者带来以下价值。

1. 准备进入或已经进入新兴市场（如印度、越南、墨西哥、印度尼西亚、埃及等国）、低端市场和资源短缺型市场的开拓者和创新者，可以借鉴成功经验和失败教训，并获得指导意见。

2. 以虚拟团队为主要组织形式的创新者，可以习得高效虚拟团队的组建、建设和管理方法。

3. 创新者通过了解和利用消费者的从众跟随、以偏概全、追求明确、“鸽巢思维”、情绪化等心理因素，可以提高产品上市成功率。

4. 创新者可以从一些社会型企业（Social Enterprise）中借鉴更多的发展经验。

因本书作者较多，而且来自不同的国家，这对译者来说是个很大的挑战。在翻译过程中，我们与产品开发管理协会（Product Development and Management Association，PDMA）经典出版物《产品经理认证（NPDP）知识体系指南》的术语和论述保持一致。

值得一提的是，在本书翻译过程中，正值金指南企业管理咨询有限公司在国际人才交流基金会的支持下邀请 PDMA 主席阿兰 · 安德森（Alan Anderson）先生到珠三角地区演讲，阿兰先生和我说：“我非常高兴地看到中国有众多创新领域的学者和从业者将 PDMA 的知识体系和成果引进中国。”

为了更好地指导中国的创新实践，在中国科学技术部的领导下，我们正在参与研究开发中国的创新方法论。

袁雨露、欧阳桉琪、黄晓坤、肖沁韵、罗艳彤、夏彦、罗婉婷、唐婉雯、朱主涛等人对本书的翻译工作也做出了贡献，在此表示感谢！

楼　政

金指南企业管理咨询有限公司首席顾问、

国内首位 NPDP 师资班培训师

2019 年 10 月

前言

杰乐娜·斯班杰欧（Jelena Spanjol）

希巴斯汀·古丁尼尔（Sebastian Gurtner）

为什么我们需要这本书

自 SAPPHO 和 NewProd（SAPPHO 和 NewProd 是英国和加拿大研究者针对新产品开发成败因素开展的研究项目。——译者注）在 20 世纪七八十年代的开创性工作以来，人们对于如何支持和推动创新，以及哪些是确保创新成功的因素等已经发表了许多研究成果。只要在谷歌图书中搜索“创新成功因素”，就会弹出 197 000 多条相关链接。尽管有了诸多研究成果，但在过去二十年里，随着市场日渐活跃与全球化的深入，之前用来衡量新产品成功因素的标准已经难以实施。现在看来，之前那些新产品成功因素只是企业竞争应具备的基本标准。在这个信息时代，全球化共同创造和大数据环境近在咫尺，仅仅满足现有客户的当前需求已经不能确保新产品在市场上的成功了。

作为创新成功的另一面——创新失败虽然引起了一些企业极大的兴趣，却很少受到关注。在谷歌图书中搜索关键词“失败”所得信息还不到搜索“成功”所得信息的一半。此外，我们对创新挑战的认识缺乏清晰的框架和方法论，而这些可以帮助企业更为系统地解决问题。尽管“不成功”的重要性一直为管理学书籍所强调，但对创新失败的研究仍然不足够。

在前言中，我们：

- 把创新挑战分为三类，分别是失败、障碍和约束；
- 阐明为什么要关注创新约束，以及企业是如何改变自身的创新方法和组织工作来突破约束的；
- 简要回顾企业所遵循的标准创新流程；
- 概述和定义创新约束的三种不同类型——个人、组织及市场；
- 描述不同类型的约束在标准新产品开发流程何处发生，这些约束在哪里必须得到解决；当我们没有恰当地解决约束时，它们最终会在哪里显现出来；
- 概述其余各章内容。

总体来说，前言有两个目的：一是提供关于标准新产品开发流程和企业可能遇到的约束的背景信息（在以后章节中无须重复该部分内容）；二是希望对读者所在企业目前状况进行指导，实现收益最大化。

思考创新面临的挑战：失败、障碍和约束

创新的挑战来自多方面，每类挑战都需要不同的解决方案。但总体来说，创新面临的挑战分为三类：失败、障碍和约束（见图 0.1）。有些企业一直采用标准新产品开发方法，但没有管理好失败、障碍和约束，因此创新的结果也不尽如人意——开发成本增加，消费者抵制和延迟采用，甚至被一些相关方采取干预措施，阻止其进入市场。

创新失败是指在新产品开发流程中，项目的结果不能令人满意或未能达到期

望值（见图 0.1）。失败后需要适当的迭代和返工处理令人不满的阶段。例如，在产品概念开发阶段，如果产品原型不具备可制造性，就必须召回并重新设计，使其具备可制造性。

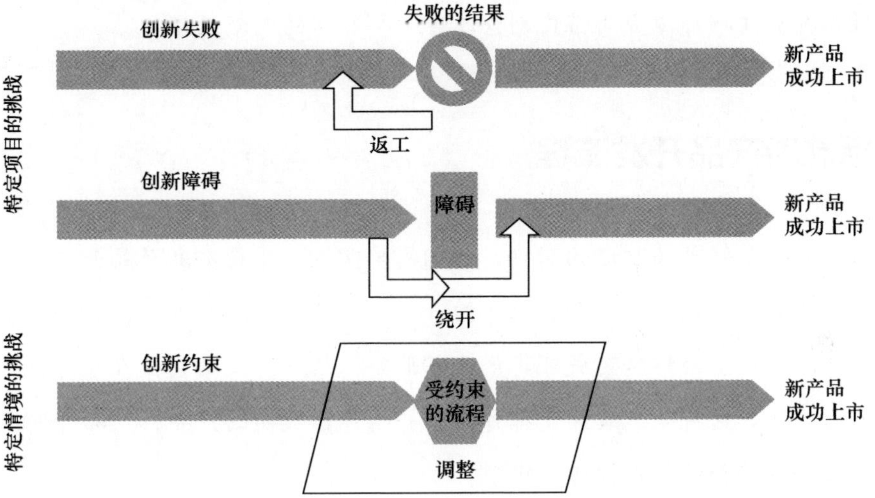

图 0.1　企业在创新及开发解决方案过程中遇到的三类挑战

略有不同的是创新障碍，它会使新产品开发流程停止或严重拖延其进度。这样一来，企业就要采取应急措施应对创新障碍或绕开障碍。由于忙于生产其他产品而不能及时提供试制所需设备，企业应采取应急措施，将试制外包给供应商，以保证项目按期进行。

失败和障碍都是特定项目的挑战——流程缺陷（失败）或资源不足（障碍）阻碍了项目成功。应对这些挑战的方法就是，开发针对性的方案以一次性解决项目中的问题。

创新约束有所不同，因为这些挑战存在于那些不同于常规项目的新产品开发项目中。从某种意义上来说，创新约束限制或阻碍了有计划的、常规的（标准的）新产品开发流程。突破创新约束需要修改或调整标准创新方法，因为约束意味着需要为打破标准或创新而努力（见图 0.1）。但是，真正能把约束与失败或障碍区分开来的，是那些可以对其当前常规项目流程做出调整并不断突破约束的企业。

本书专注于提供突破不同类型创新约束的工具和技巧。倘若运用得当，这些适应性工具和技巧可以成为催化剂，改善一个组织的创新活动。

标准新产品开发流程

为了充分了解产品改进的必要，我们简单回顾一下标准新产品开发流程。产品开发流程是“经定义的、符合规律的一系列任务、步骤和阶段，企业根据规范方法重复地将创意雏形转变成可售产品或服务”。这一定义的关键在于流程的可重复性。为了使其更有效，重复发挥作用，并生产出成功的产品，产品开发流程的核心活动、步骤和结构都被标准化了。

长期以来，研究和实践都证明，新产品和新服务的开发不应靠运气，而应得到积极有效的管理。为了解新产品开发的最佳运作方式，研究人员研究了那些成功管理“从创意到新产品上市”整个过程的企业。研究结果以及宝洁和 3M 等成功企业的实例表明，采用跨功能、分阶段开发流程是管理新产品开发最成功的方法之一，如门径开发流程。在这种方法中，企业采用阶段和关口来严格定义和管控新产品开发项目。虽然阶段和关口在新产品开发流程的具体实施上有所不同，但门径开发流程是比较流行的方法。

如图 0.2 所示，标准门径开发流程包含六个阶段和五个关口。这些关口是由一组已选定的评估者，根据一组既定的标准，对项目潜能及其在某个阶段所取得的进展做出评估的节点。例如，在第三个阶段“商业论证”后的关口 3 中，技术及业务专家从技术可行性及市场潜力两方面对该项目进行评估。在每个关口，企业都会评估该项目是否能够进入下一阶段，最终做出迭代开发某些方面或取消开发的决策。这使得企业能够在项目生命周期的早期减少不确定因素，不断地监测项目组合，把资源分配给那些承诺最高回报的项目。

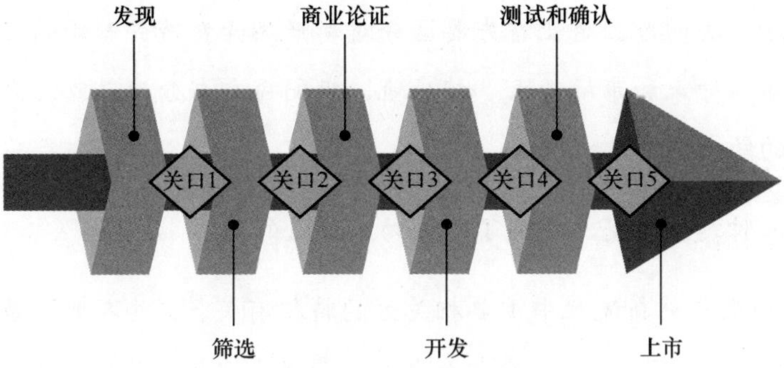

图 0.2　标准门径开发流程

了解约束及其在标准新产品开发流程中所产生的影响

识别、了解和解决影响标准新产品开发流程的约束是一项艰巨的任务，它比解决特定项目的失败和障碍更具挑战性。就创新约束而言，我们面临着两个挑战：首先，这是一个处于标准新产品开发流程以外的问题；其次，在哪个阶段解决约束以及在哪个阶段会产生负面影响，可能成为标准新产品开发流程中不同的侧重点。

创新约束：存在于标准新产品开发流程之外

标准新产品开发流程由一系列活动阶段组成，中间穿插着决策事件。本质上，开发流程代表一种流动。这种流动可能被一些障碍所阻挡，可能出现不希望出现的返工（失败）。然而，约束并不直接影响开发流程的流动，而是以某种方式改变流动的环境。例如，新兴市场的文化特性（妇女在经济中的潜在作用）本身并不影响开发流程，但会使标准市场研究（焦点小组、调查）的发现阶段的效率变低。因此，更为分散的约束会使确定和实施对应的解决方案更具有挑战性。

换言之,作为标准新产品开发流程中的活动与影响开发流程的约束有所不同。如果想有效地解决问题，企业首先要区分对新产品开发造成影响的三种约束——个体约束、组织约束和市场约束。相应地，我们将本书分为三篇，分别介绍这三种不同类型的约束。

本书对三种约束的定义反映了每种约束涵盖的范围。

1. 个体约束与创新流程中重要相关方的特征有关，这些人要么是参与开发流程的人（如经理和团队成员），要么是个人消费者。例如，当某个新产品开发团队中的个人对于项目具有显著不同的知识和观点时，这意味着在这些人当中进行知识转移很可能是制约因素。

2. 组织约束涉及企业开发新产品和服务时所用的结构、流程和资源的各个方面。例如，由于沟通和其他干扰，分散而非集中办公的团队是新产品开发流程有效性的制约因素。

3. 市场约束与针对正在开发的新产品的特定市场的特殊性有关。例如，新兴市场的文化特性（如妇女在经济中的作用）很可能是发现阶段有效性的制约因素。

创新约束：发生和影响之间存在滞后现象

创新约束的第二个挑战是其负面影响很少会在开发阶段显现出来。在发现阶段的创新约束可能直到很晚，如商业论证阶段才会完全显现出来。如果在发现阶段没有解决地理位置分散的团队之间的沟通问题，商业论证阶段就会受到影响。同样，如果在测试和确认阶段，既没有重视消费者对使用新产品的抵制态度，又没有研究消费者的消费趋势，那么在上市阶段情况将不容乐观。

约束发生与约束影响在时间上的滞后现象体现在图 0.3 中。当约束不存在时，常规活动与新产品开发流程密切相关，是新产品开发成功的促进因素（见图 0.3

上)。当约束存在时，同样的活动可转变为阻碍因素，使流程效率降低，并对后续阶段的输出产生负面影响(见图 0.3 下)。

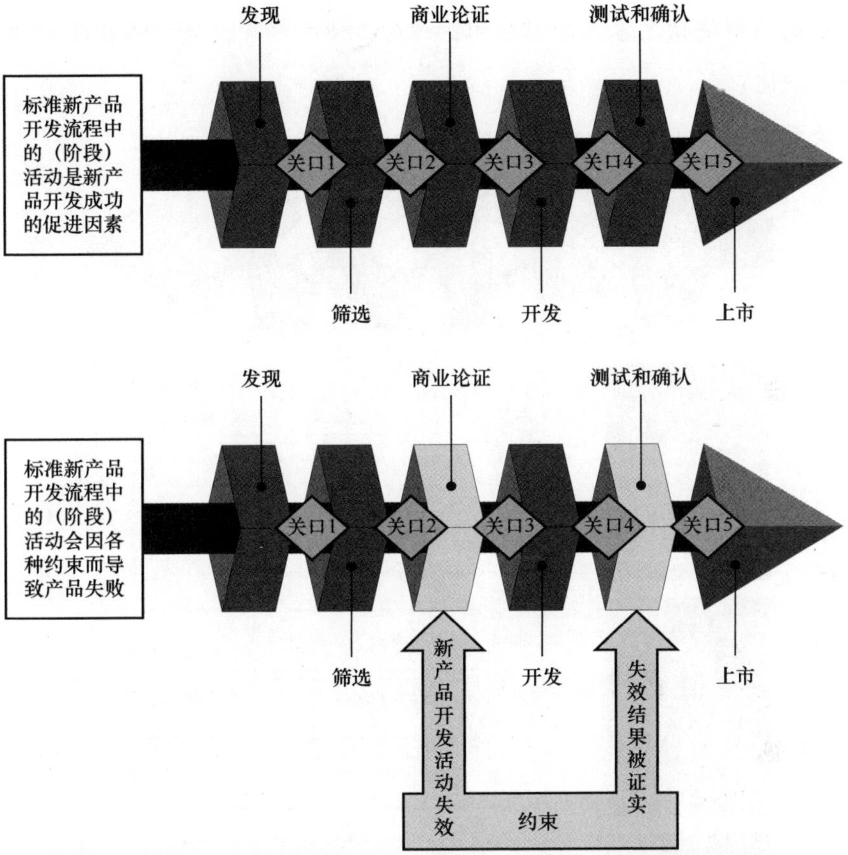

图 0.3 约束是如何将标准新产品开发流程中的活动从促进因素转变为阻碍因素的

本书概览：在何处可以找到特定的约束及其解决方案

在本书中，我们的目标是为管理者提供如何更好地处理一系列创新约束的可行方案。为了便于阅读本书，我们绘制了图 0.4，确定了各种约束，以及在新产品开发流程中必须在何处应用解决方案。后续各章对约束的不利影响进行了全面的解释。重要的是，本书详细描述了如何调整标准新产品开发流程，用以解决每个已被识别出来的约束。

虽然图 0.4 提供了本书的路线图，但为了便于参考，我们还在每章的开头部分进行了概述。

图 0.4　本书概览：创新约束和相应的解决方案

目 录

第 1 篇 个体约束

第 2 篇 组织约束

第 1 篇

个体约束

个体约束是由个体施加或由个体产生的约束，这些约束影响新产品开发的成功。这些个体可以是新产品或新服务的消费者、投入时间研发新产品和新服务的公司雇员、项目的决策者和管理创新团队的管理者。虽然其他个体（如供应商和外部利益相关者）可能会对新产品开发的成功产生潜在影响，但公司雇员和消费者才是最常见的个体。在很大程度上，他们决定了新产品是成功的还是失败的。本书第 1 篇的重点是突破个体约束，如创新管理者（第 1 章）、产品开发团队成员（第 2 章）和消费者（第 3 章）。

在标准新产品开发流程中，有几个因素决定着决策者何时及如何评估创新项目，并决定是否将其推进到下一阶段或中止开发。从理论上说，这些决策应基于合理的预判标准，但实际上，决策者常常依靠直觉和个人偏好做决策，特别是在充满不确定性和复杂性的情况下，这是新产品开发决策的现状。风险的相互作用、不确定性和决策者性格影响最终决策过程，导致个体去选择这个项目而不是另一个项目。

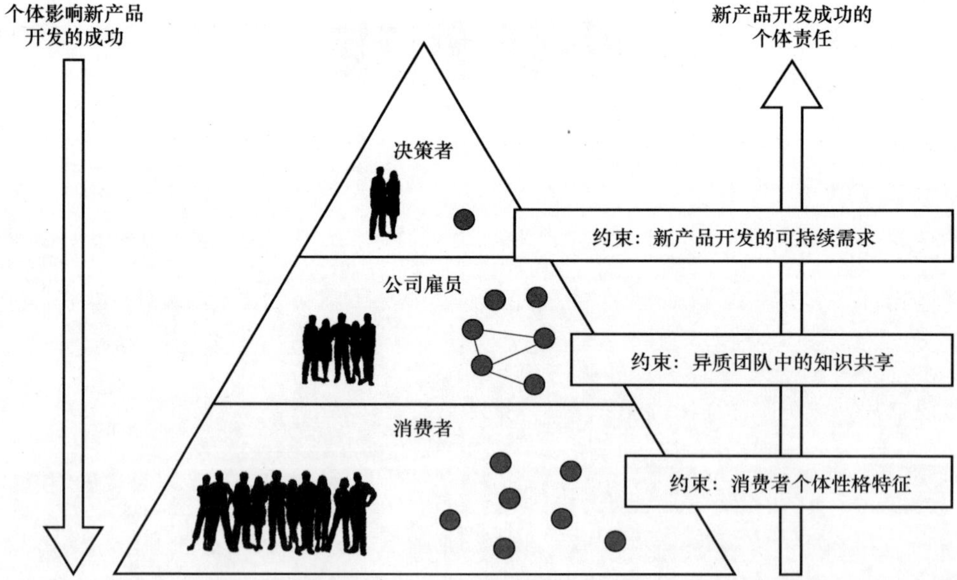

第 1 章分析不确定性和创造力在新产品开发项目中所扮演的角色。本章研究约束，因为企业中的个体和管理者必须将知识和资源用一种新的方式进行结合以实现创新。通常，研究和实践都认为，成功的新产品开发要求个体极富创造力和决心，以及对新产品进行正确引导。研究强调，个体在工作场所的创新行为由个体性格、与监管者的沟通和支持及组织认同感决定。组织的工作在于确保不同雇员潜在创造力的实现，并消除阻碍创新项目产生和发展的约束。

沟通障碍和知识共享障碍是决定性约束，阻碍新产品开发团队创新、高效地工作。第 2 章将解决这些约束，特别关注由不同背景和专长个体组成的新产品开发团队。尽管新产品开发团队中的个体具有跨学科性和异质性，基于系统化的知识共享障碍，作者给出了五个级别的解决方案，在工作中进行知识共享。

按理说，消费者是直接影响新产品成功至关重要的群体，因为是他们最后选择接受或抵制创新产品。个体层次上的消费者约束与市场上的总体约束有所不同，这一问题将在本书第 3 篇讨论并解决。第 3 章基于研究发现：对于个体消费者而言，产品的使用频率、消费者收入、个体创新性和对规则影响的敏感度决定着他们是否会尝试新产品。决定人们采用新产品或新服务意愿的，不是人口统计学信息或人们的社会地位，而是他们的心理统计特征、价值观和态度，如产品关联度、个体创新精神和行业领导者的意见。并不是所有的潜在客户都是平等的，正是他们的个体差异制约着新产品和新服务的成功。因此，第 3 章将深入分析消费者的性格特征，并解释与身份相关的、认知方面的及情绪方面的约束，这些约束阻碍着个体采用新产品和新服务。在阐述这些约束的根本原因之后，作者给出了一些建议，用于识别消费者约束，并提供突破这些基于性格特质约束的方法。

第 1 章 从持续性约束到创新行动：通过同时满足社会需求和商业需求促进管理创新

古兰·卡里克（Goran Calic）

加拿大汉密尔顿麦克马斯特大学

马尔亚姆·格斯马格海尔（Maryam Ghasemaghaei）

加拿大汉密尔顿麦克马斯特大学

引言

在本章，我们主要关注以下议题：同时满足社会需求和商业需求——解决持续性约束——以求得更优质的产品创新。一般情况下，大多数人都认为同时满足两种需求是不可能的。因为同时关注两种需求必然制约管理者的思考，使之从全面的思考变为局限于“如何在为环境和社会做更多有利贡献（如社会可持续发展）的同时为企业带来经济效益（如商业成功）”的思考。相较于单纯满足社会需求或商业需求，同时满足社会需求和商业需求的创意少之又少。有人认为，这种约束会使管理者无法发挥其实力，给产品创新带来负面影响，但我们认为事实恰恰相反。在这种情况下，我们建议采取一种直接且反常规的方法来加强创新管理。

随着消费者喜好的不断变化，新产品市场为管理者提供了源源不断的潜在机会。管理者可以通过创新来满足特定消费者的需求和欲望以抓住这些机会。然而，只有当管理者发现创意并随后将其转变为更好的程序、流程或产品来实施时，创新才能继续进行。因此，新产品创新首先要求发现创意，其次便是行动。

在继续探讨之前，我们必须强调，加强产品创新可能并不会带来更好的绩效（如更大的利润、更高的市场份额、更好的问题解决方案或管理者更多收益）。创新本身具有不确定性。与旧产品大不相同的新产品可能会导致损失，也可能带来更高收益。本章 1.4 节会简要介绍管理者如何降低产生负面结果的可能性。

由于图表能很好地表达事物间的关系，因此接下来我们用简单的图表直观地呈现观点，阐述如何同时满足社会需求与商业需求，并推动产品创新。比起文字描述，这些图表不仅直观呈现了所讨论的主题，还可以带给读者更为深刻的见解。

本章内容如下：我们在 1.1 节将创新定义为拥有两个阶段的流程。第一阶段是创意，第二阶段是执行。1.2 节将上述两个概念联系起来并讨论它们的相互作用。1.3 节提出关于支持持续性约束、创意和执行三者之间成正比关系的依据。在本节，还介绍了一些指导性问题，管理者可以思考这些问题，从而在决策过程中能同时考虑到社会需求和商业需求。1.4 节介绍企业可持续性发展的步骤，这是一种将持续性约束转化为绩效的策略。1.5 节探讨持续性约束是如何制约创新的。1.6 节对本章进行总结。

1.1　创新流程固有的不确定性

创新流程从创造性地解决问题开始。在创新流程中产生的创意拥有原创性和实用性，而且可能彻底改变一个领域的发展方向。与此同时，这些创意也有不确定性，对个人而言可能没有明显的实用价值，因为这些创意通常是全新且没有人尝试过的。也就是说，在创意实现之前，产生创意的管理者并不知道这个创意的实用性如何。

尽管新颖度与创造力密切相关，不过全新的想法并不等同于创意，能在现实中应用的想法才真正具有创造力。创意概念化就是将现有产品应用到新市场。在商业环境中，有创意的产品不一定是新产品。有时候，一件仿制品也可以具有创造力。企业间的竞争就是指商业人士会紧跟行业领导者，推出类似产品或更便宜的产品。紧跟原创者，成功地提供类似产品的商业人士，通过更优的地理位置或更便宜的价格也能在市场中创造新的商机。例如，如果追随者预测到消费者对产品的真实需求量比其他人（包括原创者）的预期都要多，他就可以大量生产来弥补这个缺口，然后获利。然而，仅凭创造力还不足以实现创新。

研究人员研究了将创造力和执行力这两种要素在创新流程中区分开来的可能性。相关证据表明，创意在刚开始往往会遭到抵制、怀疑或猜忌。因此，虽然人们想要创意，但创意本身的新颖性让人们不愿意去尝试。成功的创新既需要产生创意，又需要人们后续的执行过程。1.2 节将讨论这种相互作用。

1.2 创新：创造力和执行力之间的矛盾

能最大化提升创造力的因素并不一定也能使执行力最大化。事实上，某些因素最大化提升创造力的同时反而可能降低执行力。

知识重组与创造力相关联。知识重组可能导致人们对世界的思考方式从“非此即彼”转为“兼而有之”。随着向更灵活的思考方式转变，对其他观点的包容性也提高了，“对”与“错”的界限越发模糊。当管理者开始欢迎不同观点时，人们可用更多的方式来解读同一件事情。这种具有代表性的环境使得人们可以更好地提出开创性的解决方案，但也会增加不确定性，这并非管理者执行创意的能力变差了，而是因为还有很多其他可选方案。更多的选择意味着在采取一系列行动之前，人们需要更多的信息，而当采取了一系列行动后，环境也会发生变化，并且管理者还会继续采纳其他更好的方案。这是管理者在追求创意的执行过程中所存在的内在矛盾。在追求变得更有创造力的过程中，管理者也会变得优柔寡断。图 1.1 详细说明了创造力、不确定性及执行力之间的关系。

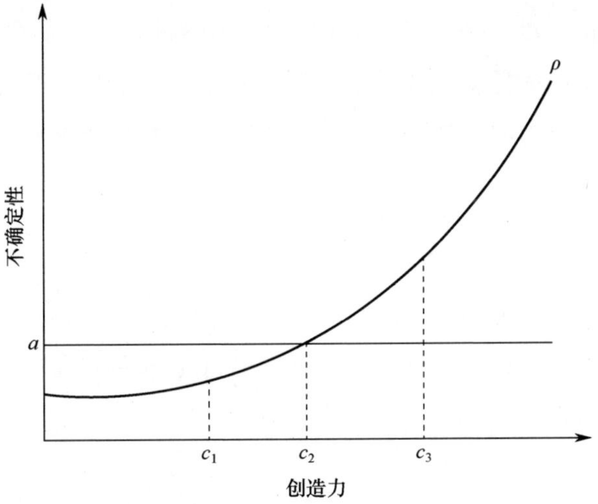

注：c_1、c_2、c_3 三条线代表不同创意水平对应的不确定性。管理者的不确定性极限取决于垂直于不确性轴的水平线 a。a 线表示创造力与不确定性之间的正相关关系。

图 1.1　创造力、不确定性及执行力之间的关系

图 1.1 呈现了创造力与执行力之间的矛盾关系。图中的递增曲线 ρ 表示创意形成后创造力与不确定性之间的关系。图 1.1 表明，比起传统创意，突破性创意有更多不确定因素。曲线的斜率代表相关关系的强度。也就是说，曲线越倾斜意味着创造力和不确定性之间正相关关系越强。图 1.1 还表明，创意的不确定性越大，其不确定性上升的速度越快。换句话说，和突破性创意相比，普通创意的不确定性更小。垂直于不确定性轴的直线 a，就是执行力不确定性的临界线，这是管理者可接受的最高限度，高于临界线，管理者则无法接受。从理论上讲，管理者愿意投入资源并承担必要的风险，很大程度是由于该创意的不确定性在临界线

或临界线以下。

举个混合动力技术的例子，这项技术结合了传统技术（内燃机，用 c_1 表示）和开创性新技术（电动系统，用 c_3 表示）。如果汽车业管理者试图减少二氧化碳排放，那么他就有可能采用混合动力技术（图中 c_2 表示产品创新）。在这个例子中，采用混合动力技术就是因为它落在了不确定性的临界线（a 线）上。同行业的管理者可能会拒绝进行电动系统的创新，因为这种创新的不确定性高于临界线，将来能否成功也很难确定。值得注意的是，我们关注的是管理者认知过程，因为认知过程跟创意产生及基于创意采取的行动有关。我们暂不讨论创新的外部限制因素，如企业或消费者不愿意接受新产品。

如图 1.1 所示，如果想提高创新水平，管理者可以：（1）提高不确定性临界值（a 线向上移动）；（2）提高创意的平均创造力（创造力曲线向右移动）。只靠这两种方法中的任意一种都无法促进创新。在 1.3 节中，我们将探讨如何通过突破持续性约束提高创造力和执行力。

1.3 持续性约束

社会需求和商业需求，这两者分开时似乎互不干扰，但把它们结合起来就会经常产生矛盾。同时满足这两种需求会导致意想不到的后果，因为针对其中一种需求（社会或商业）的解决方法可能会损害另一种需求。例如，一家餐馆的老板为了减少对当地市场环境的影响，将食材从全球采购转为当地采购。当地采购看似有利可图，然而实际情况比餐馆老板一开始想的要复杂得多。当地采购会减少厨师可用的食材，这让厨师无法再烹饪其中部分菜肴，从而使菜单无法吸引更多的客人。此外，当地采购还使供应链变得很分散，将供应链从一个或几个大型供应商分割为许多小型供应商（通常没有丰富的管理经验），这使得餐馆运营更加复杂。比起大型的跨国供应商，小型供应商大部分没有部署全面质量管理系统和准时生产系统。因此，持续性约束可能导致决策环境改变，促使决策者开创性地思考并承担风险。将社会需求和商业需求这两种互相关联又互相矛盾的因素结合起来，可以提高创造力和执行力。

持续性约束：创造力促进者

持续性约束对于激发创造力来说尤为有效。大量研究发现，对任务设限会增加参与者创造发明的数量。在一些关于创造力和想象力的研究里，随着任务的限制增加，创造发明的数量也会显著增加。在实验开始阶段，随机限制任务的一些组成和类别，就会获得更多的创造发明。

当任务组成部分和类别被随机限制时，在 1 080 次实验中产生了 49 项发明。当参与者可以选择任务组成部分时，只产生了 17 项发明，当他们可以选择类别时，则有 31 项发明。同样，我们可以预料到，当由于转向当地采购而造成食材种类减少时，厨师很可能做出更具创意的菜肴。事实上，由于热衷于研发当地的极品时令佳肴，雷内・雷哲皮（René Redzepi's）在丹麦创办了诺玛（Noma），这是一家以创意闻名的米其林二星级餐厅。

雷哲皮先生会时常派遣他的厨师人员步行或开车到餐馆附近去收集当季可用的食材。虽然季节性和距离短都符合可持续采购的要求，但也限制了食材的供应，给开发高级菜单带来了很大的不便。此外，对融资成功的企业的研究发现，能同时跟上社会和商业导向的企业家通常能研究出更多具有开创性的产品创意，从而使融资更加成功。

前面的例子表明，当不得不在有约束的条件下思考时，个体产生开创性想法的可能性更大，当一个管理者不得不同时满足社会需求和商业需求时也是如此。同时关注两种需求会带来约束，创意必须兼顾两种需求才行。由于要同时兼具商业效益和社会效益，因此企业的成果类别也减少了。当然，这样的约束促使管理者更倾向于尝试重新构建问题，以便寻求新的可能，并开发出之前未能想到的可行方案。

图 1.2 概述了持续性约束对创新的促进作用。图 1.2（a）表示当前常规状态，a_1 是不确定性临界值，c_1 是创造力水平。兼顾社会需求和商业需求可以推动创新，产生创意。这种创造力的变化在图 1.2（b）中表现为从点 c_1 沿着创造力曲线移动到点 c_2。如果带来新创意的创造力水平高于不确定性临界值，仅凭这一点是无法推动创新的。为了对组织产生影响，新创意必须由管理者来执行。接下来，我们将讨论如何采用商业和社会协同框架来促进决策的执行。

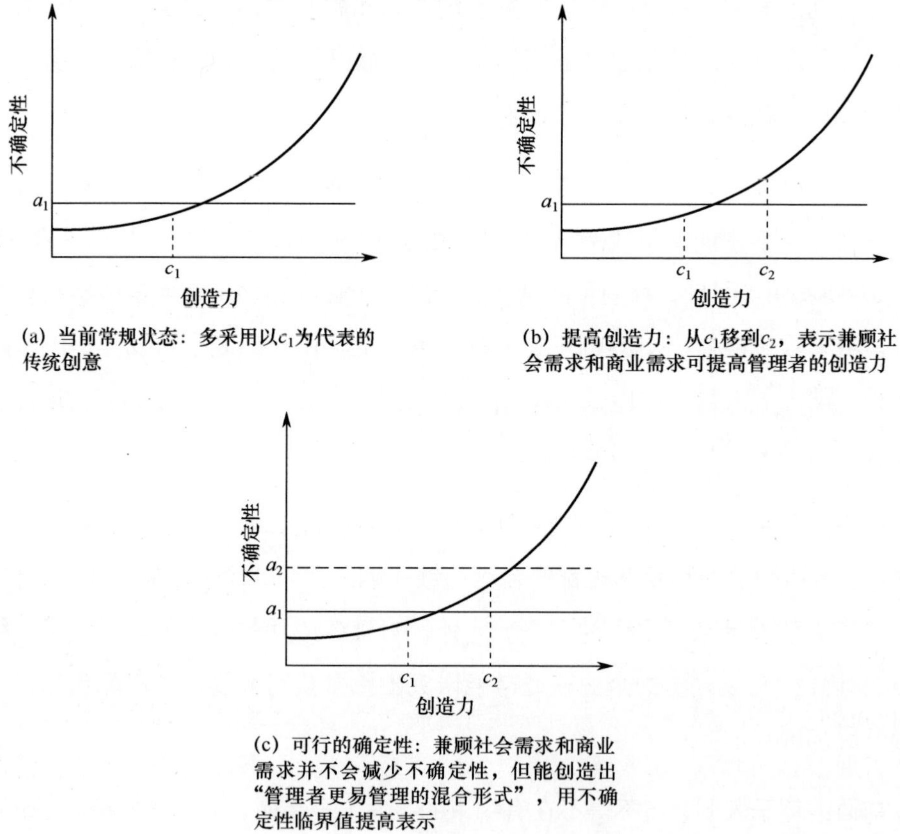

(a) 当前常规状态：多采用以c_1为代表的传统创意

(b) 提高创造力：从c_1移到c_2，表示兼顾社会需求和商业需求可提高管理者的创造力

(c) 可行的确定性：兼顾社会需求和商业需求并不会减少不确定性，但能创造出“管理者更易管理的混合形式”，用不确定性临界值提高表示

图 1.2　持续性约束对创新的促进作用

持续性约束：执行力促进者

当管理者尝试去理解一个复杂的世界时，他们会将现实简单化。这种人为的简单

化有利于管理者在一个事物间有千丝万缕联系的世界中做出决策。虽然将现实简单化有一些好处，但也会让管理者变得目光短浅，有一些不太明显的可能性就会被忽略。

可持续发展方向鼓励管理者通过协调矛盾来挖掘任务潜在的复杂性。例如，向管理者介绍不同的观点可以让他们从不同的角度看待问题。这种新角度使得管理者能够理解他人动机和行为的差异化。对个人创造力的研究为这一论点提供了证据。在探索矛盾对创造力影响的实验室研究中，那些善于运用矛盾思维的参与者（比如说创造力和低成本之间并不矛盾）通常更能接受新的创意。

现有知识可能会阻碍创意的实现，而兼顾社会需求和商业需求更能让管理者打破现有知识的限制，从而减少功能固化思维或“知识偏见”。功能固化这种思维会让人只以传统的方式来使用一件物品。例如，人们需要一个锤子，而此时只有一口煎锅，思维固化的人们怎么也不会想到如何把煎锅当锤子用。通过限制现有选择的可用性，可持续发展方向可以防止产品、战略和方法等现有知识限制人们在未来追求新的创意。

当接受并拥抱矛盾时，管理者开始思考创意是否可行，而不是任务本身。要在永远无法完全掌握复杂情况的基础上获得确定性，管理者必须不断尝试新的思考方式，而不仅是试图理解一个复杂的世界。乐高公司在 20 世纪 90 年代末的重组就是一个例子，它说明了管理者如何接受矛盾，并对新创意持更开放的态度。

1998 年，乐高公司在首席执行官基尔德·科克·克里斯蒂安森（Kjeld Kirk Kristiansen）的领导下，发起了全面重组，彻底改变了企业中层管理的本质。由于许多管理者之前并没有预料到这场重组的到来，因此，在经历了重组后，他们都觉得急需重新塑造自身角色。研究这一变化的人员发现，只有当逼着管理者去识别出潜在的矛盾（受控与自治的矛盾）时，他们才会积极挖掘自身角色的创造力。一位管理者说道：“我进退两难。我既要对项目负责人的决策负责，又要让他和其他人一样，对自己的绩效表现拥有高度的控制权。这样的话，我又怎么能尽到自己的责任呢？”认识到同时结合自治和受控是必要的，可以鼓励人们产生更多创意。通过这种新视角来审视他们本身的角色，管理者将能从不同角度思考，转换思路，并以完全不同的方式探索问题。事实上，这帮助管理者从研究简单的现场解决方案，转向更有意义和更可行的解决问题的思路上。通过接受矛盾，乐高的管理者开始提出战略问题，挑战简单的二选一解决方案，并鼓励对此进行试验。

兼顾社会需求和商业需求不会消除突破性创意带来的不确定性，但是会创造出“一种管理者更易管理的混合形式”。

在图 1.2（c）中，可行的确定性类似于不确定性极限从 a_1 向上移动到 a_2。在可行的确定性下，c_2 被认为可进行投资与执行。

通过提问来强调持续性约束

管理者通过思考当前的方法是否可以充分满足客户的社会需求和商业需求，从而在决策过程中采用持续性约束。在表 1.1 中，我们描述了社会需求和商业需求的潜在主题，以及由该主题衍生的需要思考的问题，并且我们也在表中列出了问题的示例。

表 1.1　创造持续性约束

需求	决策过程中需要思考的问题	结果	
社会	1．产品是如何供给物质世界（包括地球、生物多样性与生态系统）的？其中包括内在价值，如“地球之美”。 具体问题： 如何设计出既环保又节约资源的建筑物和工作场所？ 如何鼓励供应商遵守我们的可持续发展目标和标准？ 2．产品是如何维系具有共同认知、价值观、背景和身份的人之间的复杂关系网的？ 具体问题： 我们的经营方式是如何影响机会均等的？ 我们的经营方式是如何为我们的员工带来金钱之外的收益的（如企业内部和外部的教育和职业流动机会）	创造力	可行的确定性

续表

需求	决策过程中需要思考的问题	结果	
商业	1．产品是否能为组织相关方（雇员和所有者）的投资和分销创造足够利润？ 2．产品是否能为社会带来经济效益？这些效益包括促进区域、制度和社区组织的发展	创造力	可行的确定性

管理者应当在与他们组织背景最相关的社会问题和商业问题上集思广益，包括行业环境、社会影响及促进商业成功和推动社会发展的可用资源（参见 1.5 节）。

可持续性标准分为自然的可持续性和社区的可持续性。“自然”指的是物质世界，包括地球、生物多样性和生态系统。如果不加以维护，许多生物，包括人类，会遭受巨大威胁。例如，研究表明，处在绿色环境中对人的身体健康是有益的，而人类对臭氧层的破坏已经导致患皮肤癌的风险上升。人类把环境当作能源供给和维持生命的手段。如果不好好保护环境，人类的生存供给就会遭受严重威胁。例如，污染带来水生栖息地自净能力下降，导致饮用水短缺。

社区指的是拥有共同认知、价值观、背景和身份的人们之间较为复杂的关系网。社区中的文化、团体与地域差异令其独一无二，从家庭到其他更大的群体，社区在社会大环境下提供了个人认同感。社区与人类社会的良好运行是息息相关的。我们将文化身份的丧失与酗酒、身体健康恶化和预期寿命减少联系起来。作为社区的主要产物，地域、文化、标志和历史也会受到商业行为的威胁。

人们通常将商业收益与可持续性发展对应起来。商业收益是私营组织的经营核心。商业强调组织和社会经济利益的发展。盈利的组织能够雇用更多员工，为经济发展增加就业机会，从而提供一定程度的社会福利。商业收益是其中的一项重要目标。通过提高人们的社会经济地位，商业收益也可以改善人们的情绪、心理和身体健康。这种影响也跨越了世代，因为父母的社会经济地位能够提高孩子的童年幸福感。

通过提高创造力和增加执行的可能性，同时考虑与社会需求和商业需求有关的问题能够推动创新。然而，创新可能不会转化为更好的绩效。在 1.4 节，我们将简要探讨创新和绩效的关系，以及如何改善这种关系。

1.4 从创新到绩效：制定企业可持续发展议程

管理者可以通过详细了解一个创意将来的盈利能力来获取创新优势。对管理者来说，一个创意的效用就是该创意的未来最终利润减去开发和执行该创意的成本。当未来价值大于总成本时，效用为正。当执行一个创意的成本大于该创意的预期回报时，管理者则不会获得高于行业平均水平的绩效。因此，那些能够准确预测未来成本和收益的管理者，通常会取得更大的成功。为此，最近许多企业都开始使用先进的数据分析工具来评估新创意的收益和成本。

管理者可通过环境分析（外部分析），以及自身已有的资源分析（内部分析）来获得关于一项创新未来价值的信息。例如，外部分析可以通过访问大数据（点击量、视频、推特）来提取新信息，更好地了解市场、产品和客户。管理者越来越多地将外部数据视为创新和获得竞争优势的关键驱动力。然而，由于所有市场参与者都能考察市场环境，因此，比起其他分析方法，我们不能确定环境分析方法是否能够帮助管理者准确获得实施成本的预期值。因此，环境分析无法作为预测创意最终价值的最精确的预测方法。

外部人士在一定程度上无法看到内部组织资源的分析，这种分析可以更加准确地预估创意的可行性。例如，管理者会参与许多企业管理活动，内部调动、调整员工工资、折旧设备、了解正在进行的研究和开发项目，以及评估执行一个创意所需的其他成本。管理者可以使用描述性分析工具（如了解过去发生了什么）、预测性工具（如了解未来会发生什么）以及说明性工具（如说明行动带来的结果）来更好地理解独特的组织资源。总之，这些内部分析可以提高创意实用性的未来预期。在内部组织能力背景下考虑社会需求和商业需求，我们称之为制定企业社会议程。参照波特和克拉玛（Porter & Kramer）的观点，企业社会议程意味着将社会机会映射到组织能力中，以解决商业需求。

企业可持续发展议程可以有效利用组织的优势资源，这是一种独特并且罕见的能力。例如，沃尔玛的使命是通过供应链的创新来减少化石燃料消耗，这是沃尔玛的一个优势资源。沃尔玛通过完成此使命不仅削减了 200 万美元的成本，还提高了自身的盈利能力。2009 年，沃尔玛减少了 100 多万英里的货运里程，从而减少了温室气体排放量。这个新思路为我们展示了沃尔玛通过卓越的供应链管理，同时造福社会和股东，为双方都带来了好处。

图 1.3 描绘了企业可持续发展议程对创造力和创新的影响。正如之前所描述的一样，创造力与不确定性是相对应的。创造力和不确定性之间的关系取决于这个创意能给管理者带来多大的惊喜。常规的做法是利用资源，管理者较为熟悉这样的做法。例如，比起其他竞争对手，沃尔玛的管理者更熟悉供应链管理，这使得沃尔玛的管理者能够执行更有创造力的创意。图 1.3 中，从 ρ_1 到 ρ_2 的变化表示熟悉度提高。换句话说，利用现有资源为管理者的组织带来独特的优势（比起专项管理者，竞争对手的管理者会发现那些创意更令人惊喜）。曲线之间斜率的变化

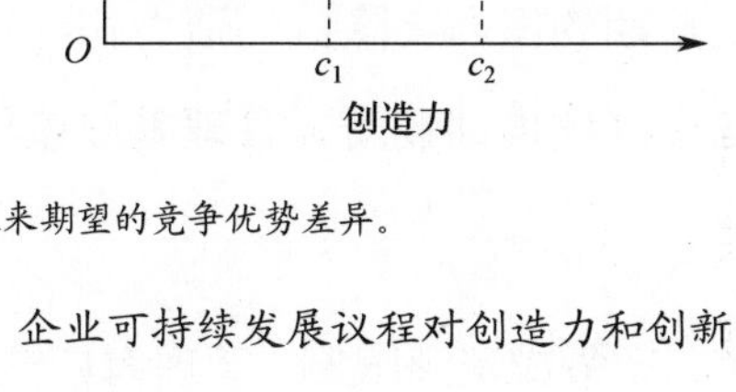

注：阴影部分代表更好的未来期望的竞争优势差异。

图 1.3　企业可持续发展议程对创造力和创新的影响

代表了人们感知的不确定性的变化。图 1.3 中曲线 ρ_1 和 ρ_2 间的阴影部分代表了更好的未来期望的竞争优势差异，企业可以通过更高的创造力获得更大的优势。

由于突出了之前潜在的目标和观点的多样性，持续性约束十分有效。与此同时，矛盾会造成组织成员之间的冲突，从而可能让绩效变差或影响创新流程。在 1.5 节中我们将讨论这种动态过程。

1.5 避免持续性约束潜在的负面影响

在某些情况下，持续性约束可能导致防御性行为、焦虑和僵化。这种负面影响最有可能在管理者面对高度的外部压力或威胁时产生。这种情况下，在决策中尝试社会需求和商业需求最大化，可能导致管理者只选择专注其中一种需求。专注其中一种需求又会增加对另一种需求的需要，从而进一步激化潜在的矛盾，因此这种做法是盲目的，而尝试同时关注社会需求和商业需求又会导致虚假的权衡。在面对约束时，这种基于权衡的决策可能导致创造力下降。

当管理者面临很大的外部需求（如资源短缺、时间压力和激烈竞争）时，最有可能做出负面的行为。相关证据表明，当个人从压力中解脱出来，感到安全，并且情绪相对积极正面时，就会产生开创性的认知。例如，时间压力会增加管理者对快速解决方案的需求，这将降低对问题进行全面理解的意愿，而这些问题是成功创新的必要条件。时间压力还会压缩创意酝酿时间，而创意酝酿时间又是开创性认知的一个重要组成部分。阿玛比勒（Amabile）对 7 家美国企业的 22 个工作小组的研究发现，截止日期的压力会降低创造力，导致工作受挫，并让人感到无助。为了使持续性约束更好地推动创新，管理者应该与急迫的外部需求和威胁隔离开来。

面临巨大的时间压力、竞争或资源限制，管理者应该避免追求最佳解决方案。

相反，他们应该依赖创意的快速迭代。创意的快速迭代从产生代表测试产品可行性所需最少活动的创意开始，包括从组织内部（如财务、制造、营销等部门）和外部（如客户、供应商）获得反馈。和迅速满足市场相比，快速迭代更强调学习，并减少外部压力产生的不确定性。通过减少不确定性，管理者不太可能出现防御性行为、焦虑和僵化。

1.6　结论

创新能力是成功管理者的核心特质。然而，创新给管理者带来了挑战：增加创造力的因素往往会降低执行的可能性。在本章中，我们提出了一个观点，即同时解决社会需求和商业需求会增加创意产生的可能性，管理者也会决定去执行这些创意。我们还讨论了如何利用创新，特别是同时满足社会需求和商业需求的创新来提高绩效。最后，我们讨论了外部需求和威胁可能产生的负面影响，以及通过强调创意和学习的快速迭代如何管理这些负面影响。

对于其他类型的约束来说，我们的观点可能是正确的。至少有两个因素使得同时关注社会需求和商业需求非常重要。第一，关注社会需求和商业需求受到了管理学界的极大关注，在满足这些需求和创新绩效之间存在着很好的证据。第二，尽管其他类型的约束可能导致刺激创新所需的动力，但跨行业、跨区域和跨文化的管理者几乎普遍感觉到社会需求和商业需求之间的矛盾。因此，社会需求和商业需求之间矛盾的影响非常广泛。这是因为营利性组织的交易不可避免地会产生负面的外部性，也就是第三方（不参与交易的各方）所承受的成本，而且这种成本是我们所见过的最大的市场缺陷（如人为气候变化）。

我们通过人类认知和管理科学的交叉研究来得出我们的观点。通过研究如何创造性地解决问题，我们认为，可持续性约束通过迫使个人以非常规的方式思考来增强创造力，并且通过增加对不寻常想法的接受来执行。研究表明，如果专注于内部而非外部的分析，管理者就可以通过对组织决策未来效果更准确的期望来实现卓越的绩效。在这项研究中，我们认为，企业可持续发展议程将形成对未来创新价值的更深层的预估，从而提高绩效。

【参考书目】

Amabile, T. M., Hadley, C. N., and Kramer, S. J. (2002). Creativity under the gun. *Harvard Business Review* 8: 52–61.

Lüscher, L. S. and Lewis, M. W. (2008). Organizational change and managerial sensemaking: working through paradox. *Academy of Management Journal* 51: 221–240.

Porter, M. E. and Kramer, M. R. (2006). The link between competitive advantage and corporate social responsibility. *Harvard Business Review* 84: 78–92.

Porter, M. E. and Kramer, M. R. (2011). Creating shared value. *Harvard Business Review* 89: 62–77.

【作者简介】

古兰·卡里克（Goran Calic），博士，于 2016 年加入安大略省汉密尔顿市的麦克马斯特大学（McMaster University），担任战略管理终身研究教授，并拥有信息系统会员身份。他拥有普渡大学（Purdue University）战略管理博士学位。卡里克博士的研究重点是了解为什么有些人比其他人更有创造力，有些组织比其他组织更有创造力。他的研究领域主要与早期创业有关。他在组织中对开创性的研究获得了 2015 年马克思·亨利·波索特（Max Henri Boisot）奖。他在各种学术出版物上发表文章，如《管理研究》《罗格斯大学商业评论》《管理学习与教育学院》《组织公民行为牛津手册》。卡里克博士在德国奥斯纳布吕克（Osnabrück）乔治马里恩胡特（Georgsmarienhütte）股份有限公司工作了四年，他曾参与有关市场调研、销售和组织战略的活动。

马尔亚姆·格斯马格海尔（Maryam Ghasemaghaei），博士，安大略省汉密尔顿市麦克马斯特大学（McMaster University）德格鲁特（DeGroote）商学院的信息系统助理教授。她的研究与技术采用和数据分析对企业结果的影响有关。她在多家学术期刊上发表了论文，如《管理信息系统季刊》《战略信息系统》《信息管理》《决策支持系统》《人类行为中的计算机》《计算机科学》《零售与消费服务》。

第 2 章 突破创新项目中知识共享障碍的实践方法

克里斯蒂安妮·劳（Christiane Rau）

上奥地利应用科技大学

安妮-卡特琳·奈尔（Anne-Katrin Neyer）

德国马丁·路德大学

卡佳·克莱默-赫尔默（Katja Krämer-Helmer）

上奥地利应用科技大学

引言

由于受到开放式创新模式的影响和日益复杂的产品与服务的推动，参与创新项目的各类人员比以往任何时候都要多。这种多样性也是一种约束，需要引起特别注意。尽管开发团队的多样性可以促进创造力，但也可能导致合作效率低下。在创新流程的早期阶段（如对客户需求的不同理解），如果未能认识到知识共享会失效，就可能导致严重的问题。例如，当在市场测试阶段发现问题时，就会导致返工成本过高。

直觉和大量的科学证据均表明，创新项目中的知识共享很重要，应该得到支持。虽然说起来轻而易举，但执行起来并非易事。从过去六年积累的开放创新项目经验来看，企业常常在管理不同的跨学科合作者之间的知识共享中遇到困难。

不同的思维模式、之前已有的能力和资源都会阻碍团队成员间的知识共享，导致一些低效行为，并威胁到创新项目的成功。对个人而言，创新会威胁他们的已有能力，使资源变得不再重要。还有一些人觉得知识共享会威胁到他们在组织中的权力和地位。

随着创新团队成员间认知距离的产生，以及共享知识的高度新颖性，在跨学科领域的合作者中会产生理解障碍和利益障碍。这些障碍是不同团队成员个体约束的体现。我们的观点来自不同的研究项目，包括对欧洲的 24 位创新型管理者的调查访谈和对体育用品行业一家大型国际组织为期三年的案例研究。本章展现了如何通过具体创新实践来消除理解障碍和利益障碍，以及如何对标准的创新流程进行改进。

2.1　创新项目中的知识共享障碍

与创新项目中许多不同领域的合作者在知识共享中的理解障碍相关的挑战之一是沟通固有的复杂性。这种复杂性从概念上可分为两个层次。首先，从语义层面来说，每个合作者都需要接收和理解信息。研究表明这是第一种障碍。第二种障碍是实用层面，强调沟通是如何影响信息发送者和接收者的。我们的利益受到这两种不同类型知识共享障碍（语义障碍和实用障碍）的影响（见图 2.1）。语义障碍代表理解障碍，而实用障碍代表利益障碍。

除了认识这两种类型的知识共享障碍因素，理解它们之间的关系和相关性也非常重要。不同障碍条件的同时存在使得有效的知识共享变得十分具有挑战性。我们甚至还发现团队存在着一种现象：个体有意地制造理解障碍以掩饰现有的利益障碍。比如，我们看到某些开发人员假装存在误解，以掩饰他们因项目中的利益冲突而不愿意与其他部门同事合作的真相。这两种类型的障碍共同构成了一个起点，使我们能够更深入地探究面对创新时人类行为的“黑匣子”。

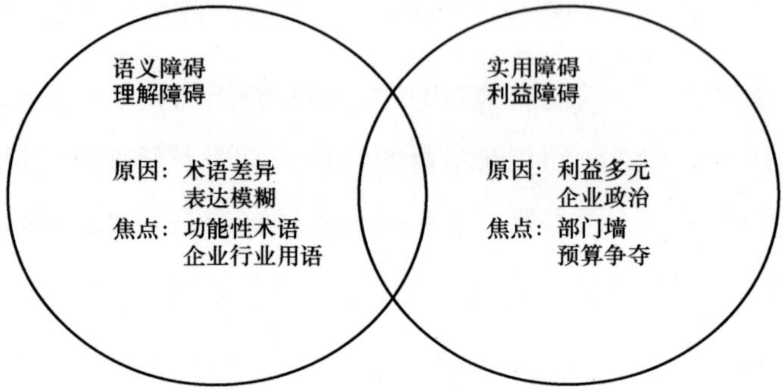

图 2.1　创新项目中的知识共享障碍

理解障碍

创新项目中可能出现理解障碍。为什么？因为我们每个人对如何做事都有自己特定的看法。这种看法源自个人在执行不同任务时积累的专业知识与经验。在完成某项任务的过程中，人们会在特定的背景（如特定的专业领域）下来理解相关的知识。假如知识只在同行之间分享（同一专业领域的同行），那么大家对信息的理解会更有相似性。然而超出这个背景，每个人对相同信息的理解可能会大相径庭。在这种情况下，出现理解障碍就会阻碍知识共享。在创新项目中，这些障碍是一个重要的成本因素。例如，对“最小可用产品”这个术语的理解。我们在比较这个术语在初创企业和领军企业中的使用时发现，二者对这个术语的解释存在很大差异。鉴于开放式创新实验室和企业加速器的逐渐增加，对企业和初创企业来说，达成对术语理解的共识，是确保高效合作的重要条件。

大多数理解障碍尚未被发现。如果团队合作了较长的时间，团队成员可能会参与到团队建设中来，这样一来，可能会出现副作用，即团队成员之间的共识（用词、术语等）可能会出现，也可能不会出现。在实践中，我们很少看到有哪些专项活动旨在培养团队成员共识。

为什么突破理解障碍如此困难？从对创新管理者开展不同创新项目的经验研究中，我们得出了一个结论：理解障碍不止有一种类型，而是有三种截然不同的类型。

第一种，在分享知识的过程中，合作者可能会感到迷惘。因为他们在进行知识共享时，无法参照有形的或熟悉的事物。假定你要描述一个关于新业务的创意，而你对该新业务也仅仅有一个模糊的概念。即便你竭尽所能描述这个创意，还是无法做到详细说明目标人群和服务交付过程，这就会导致他人的误解。团队成员可能在理解阐述内容的方式上存在较大差异。我们将这种由于理解差异产生的障碍称为“模糊障碍”。

第二种，员工可能会使用他们的合作者不熟悉的术语，或者使用彼此有着不同理解的术语。这就是“术语障碍”。我们提到的“最小化可行产品”的实例就是这样一个术语障碍。

第三种，合作者对对方的工作实践、相应的时限和资源有一个特定的心理模式。如果这些假设是错误的，那么由此产生的“不平衡心理模式障碍”就会阻碍知识共享。例如，我们发现一位产品管理者曾尝试给 IT 开发人员解释新软件要求。他用自认为 IT 开发人员能理解的方式来解释这些要求，但由于他并不了解开发人员的编程过程，并解释得很复杂，结果开发人员根本无法理解产品管理者的意图。

利益障碍

理解障碍和利益障碍都要求合作者针对共同需求创造出一个共同的意义。然而，考虑到与理解障碍的细微差别，我们面临的挑战是如何能准确地识别是哪种类型的障碍。

权力丧失和焦虑会扼杀创新

遗憾的是，创新项目会因为各方利益冲突而遭到破坏。德国 2bAHEAD 智囊团最近的一项研究表明，43%的管理者担心创新可能会导致权力的丧失。其研究进一步证明了一个非常普遍的做法：当项目有可能威胁到决策者的权力和地位时，决策者就会试图扼杀这个项目。约有 1/3 的受访者表示，对上述情况的担忧已经遏制了他们创意。

在本章中，我们提出了另一种方法。这种方法着重于通过创新实践，支持团队有意地从团队成员个人利益转向创建共同利益。

利益障碍涉及另一个方面，即人们有时不愿意去分享他们的知识。这种缺乏分享的行为更加彰显了考虑组织部门性质的必要性。部门（业务部门、职能部门等）通常给特定的专业团体清楚地划分了其负责的知识领域。假如一位参与者创造了新知识（发生在一个特定的部门里），随后这些知识被分享和整合到一个创新项目中，我们认为这位新知识的原持有者在他对应的领域里的个人价值会有所减少。总之，一位参与者的知识储备也影响着另一位参与者所拥有知识的价值。分享会造成了先前知识持有者的损失。正如卡莱尔所说："当有利益冲突时，在一个领域很有益处的知识，在另一个领域则会产生消极的后果。"难怪专业人士要努力做到保护自己的核心知识领域不受竞争对手侵犯。新事物的关联性能在参与者中产生不一样的利益，导致知识共享障碍，产生所谓的利益障碍。

我们对欧洲创新管理者的研究结果进一步明确了利益障碍的概念。当合作者需要获得新知识（或改变现有知识）时，就会出现"故步自封障碍"（trajectory boundary），这会造成损失甚至权力的丧失。"故步自封障碍"一词指的是个体倾向于停留在先前选定的道路（路径）上（例如，某个特定的专业技术领域），而拒绝会使他们脱离已有知识路径的任何事物。

如果合作者的主要任务不是参与创新开发，而是要求他们为创新项目分享知识，另一种利益障碍就会出现。我们将此障碍称为"我不是创新者障碍"。我们发现，团队成员在面对利益障碍时，他们的标准应对措施要么是积极抵制，要么是消极回避知识共享。当下属意识到这是有害的行为时，他们会抵制这种行为。大多数情况下，这种抵制行为不易被察觉，但会对项目成功构成威胁。

无论出现何种类型的利益障碍，我们面临的挑战都在于如何创造共同利益，并鼓励成员愿意转变目前知识框架。我们的研究表明，实现这一目标最有效的方法是采取精心设计的流程来专门解决知识共享障碍。

2.2　解决知识共享障碍的四个阶段

正如本章开始时所说，我们的研究是通过研究多元化的内部和外部员工，探究在创新项目中不同类型知识共享障碍的本质。我们尤其有兴趣了解如何通过创新实践来消除这些障碍。创新实践包含推进创新项目进展而采用的所有方法、工具、战略和理念。

以下是创新管理者（高管和员工）的底线：如果想让创新项目取得成功，你必须更加深入地探究那些阻碍个人参与知识共享的障碍。接下来我们会介绍四个阶段的自我评估工具。这些评估工具能使创新项目参与者有效地识别和解决知识共享的障碍。这些评估工具是基于对欧洲 24 名创新管理者的访问和研究，以及对体育用品行业一家大型国际组织进行的为期三年的案例研究后得到的。下面讲述这四个阶段。

阶段 1：跟踪迹象。学会识别参与者的行为。

阶段 2：接近迹象。验证迹象并分析可能的障碍类型。

阶段 3：识别“你的”创新实践。根据项目或企业的特定情况和需求选择创新实践。

阶段 4：应用。实施创新实践并监督效果。

在应用自我评估工具时，用户可能会意识到有些问题需要他人的协助。因此，成功应用工具的一个重要因素是人们的开放性，以及与创新项目参与者，即团队成员、合作者和管理者之间的互动意愿。在这个过程中，参与者可能会展开互动讨论，进而针对给定的情况开展 360 度深入探究。除了自我评估结果所提供的深刻见解，这种互动讨论本身也会促进积极的变化。

阶段 1：跟踪迹象

为了更好地把握项目中存在的障碍类型，了解如何诠释相关个体的行为是很重要的。要获得这种感觉，你需要收集并分析在创新项目中工作的个人的行为模式。换句话说，你需要跟踪迹象。要认识到，有些迹象会比其他迹象更明显。

我们一起来看看在理解障碍方面出现的比较典型的行为。第一个要留意的现象是个体间的谈话是否存在误解（两个或两个以上的人在谈论不同的话题而互相之间没有意识到这一点，随后出现互相不理解）。误解是由理解的三个障碍（模糊障碍、术语障碍和不平衡心理模式障碍）造成的。

下面这种情景你听起来是否感到熟悉？

情景：一个跨学科的团队采访了购买猫粮的消费者。消费者回答，他们对猫粮质量的主要评价标准是猫的进食有多快。在对“快速”存在不同理解的情况下，团队成员和消费者在相互误解的情况下开始了交谈。

管理者的观点：“我们需要从消费者的角度更好地理解‘快速’指的是什么……事实上我们认为的速度并不一定是猫吃东西的速度。消费者所观察到的可能是猫跑去碗边的速度和享受持续进食的快乐，接着才是猫吃完所有东西或进食的速度。”

发生了什么：由于“相互误解”行为模式带来的术语障碍，结果导致误解。

解决方案：团队可以播放一段猫进食的视频，并让消费者对他们的所见进行描述。

在术语障碍情景中理解迹象的重要性也反映在我们称为“捉迷藏”的行为中。在这种情况下，虽然合作者对具体某个术语理解不到位，但为了避免尴尬，他们并不会去澄清。例如，一位来自德国汽车公司的创新管理者表示，当成为公司一员后，他们只能在某个时期了解公司一些术语的缩写词。这些缩写词是研发团队常用的。

如果询问基本的缩写词，这些员工就会给人留下对基本知识也不了解的印象，甚至会威胁到他们在团队中的地位。面对这种情况，他们会选择保持沉默或回避某些话题，以避免同事发现他们缺乏相关知识。要理解他们的这种沉默，我们必须认识到语言是保持专业地位和在团队中建立凝聚力的一种方式。如果一个团队形成了共同语言，而有的成员不能理解，那么他们可能会被团队忽视并失去在团队中的地位。

如果不同目的的交谈与“捉迷藏”都是识别理解障碍的标志，那么就会引出以下问题：在利益障碍的情况中，我们能够发现哪些行为迹象呢？

先前我们介绍了两种利益障碍——“故步自封障碍”和“我不是创新者障碍”。我们通常在研发部门和营销部门之间的沟通中就能察觉到故步自封障碍（在需要获取或转变知识时）。研发人员在组织内推出他们的新方案，试图通过有效的方法证明其价值。相反，营销人员会有意地破坏这个新方案，阻止公司推行这个新方案。我们将这些行为称为“个人阻挠”和“自发抵制”。

下面这种情景你听起来是否感到熟悉？

情景：在一家汽车公司，营销部门组织了一场研讨会，但遭到了研发部门的反对。研发部门不愿意搜集所需的新信息来处理来自领先用户的意见。研发部门经常会找借口不去跟进领先用户的想法。相反，营销部门则会努力地发布领先用户研讨会的相关信息。

营销部门负责人的观点：“我们告诉每个人我们多么具有创新性。在贸易展览会上，我们的产品原型赢得了奖项，但我们从来没有把产品推向市场。为什么？因为研发人员从来没有认识到处理这些主题的必要性。”

发生了什么：这家公司正经历所谓的故步自封障碍。营销部门追求自己的营销方法，研发部门却因不愿改变技术路线而极力反对。

解决方案：无计可施，冲突最终会进一步升级。

近年来我们观察到一种趋势，即企业向组织内部与外部开放产品和服务开发流程。这在为创新注入新动力的同时，也可能为组织带来消极影响。拥有技术和学识的员工常被要求为创新项目做出贡献。大量的要求往往让员工不知所措，特别是当创新管理者或主管希望员工把对创新项目的贡献放在日常工作的首位，却不给他们任何补贴（或不减少其他任务）时。对此，我们发现，面对"'我不是创新者'障碍"的员工在被邀请参加创新项目时通常不会做出反应，或者装糊涂。例如，为了改进和落实体育用品行业某大型企业的新服务，企业计划开展一个服务角色扮演的工作坊。由于所有来自各个部门的员工都不回应是否接受邀请或临时缺席，工作坊不得不取消了两次。负责创新项目的管理者推测："他们认为与自身的核心业务无关，所以他们把这件事的优先级排在最后。"图 2.2 总结了在这种多元化团队中，知识共享障碍产生时有哪些行为迹象。

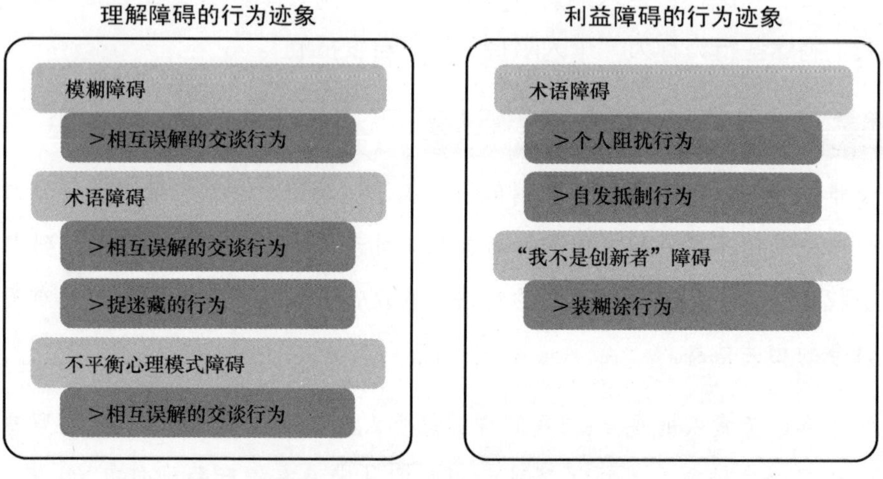

图 2.2　知识共享障碍的行为迹象

当你在一个特定的创新项目中寻找迹象，研究行为举止与对应的障碍时，你会发现其中有些行为比其他行为更难察觉出来。这些隐藏的行为模式如下：相互误解的交谈行为，玩捉迷藏的行为，以及装糊涂的行为。相比之下，"个人阻挠"和"自发抵制"的行为模式更容易被察觉，被称为"开放"的行为模式。无论行为模式是开放的还是隐藏的，我们都必须记住，遭遇障碍的个体不一定都表现出这些行为模式。因此，我们有必要深入了解行为变化。此外，我们还需具备敏感性，因为一些行为模式可能是多种障碍类型影响下的产物。理解障碍和利益障碍可以并存。例如，项目中存在的利益冲突会促使合作者共同形成理解障碍来破坏项目。

表 2.1 中的问题会帮助你从创新项目中的隐藏和开放行为模式中发现迹象。

表 2.1　自我评估反思问题（第一阶段）

阶段 1：跟踪迹象	是	否
1. 你观察到合作者之间存在相互误解的交谈行为吗?	☐	☐
2. 是否有合作者试图回避问题或某些话题?	☐	☐
3. 他们是否回避与专业术语相关的话题?	☐	☐
4. 是否存在个别参与者反对这个项目?	☐	☐
5. 是否存在个别参与者努力寻找证据反对项目进行?	☐	☐
6. 是否存在个别参与者试图与那些可能想要终止这个项目的人结盟?	☐	☐
7. 双方是否在公开场合发生过冲突?	☐	☐
8. 是否存在这种现象，一位参与者或一方推出一种新方法（如开放式创新），而另一位参与者或另一方严重质疑其有效性?	☐	☐
9. 你是否观察到合作者之间的争论或对抗越来越激烈?	☐	☐
10. 是否有合作者多次缺席会议?	☐	☐
11. 是否有合作者不回电子邮件或电话?	☐	☐

注：答案的分析说明可以在附录 2-1 中找到。

阶段 2：接近迹象

通过跟踪迹象和分析相关人的行为，你可以先了解到在创新项目中存在什么类型的知识共享障碍。下一步，我们将在表 2.2 中提供一组问题，帮助验证知识共享障碍的类型。为什么这步很重要?因为只有知道什么类型的知识共享障碍正在影响项目的成功或失败，我们才能确定并实施所需的创新实践，这些实践就是消除障碍的促进者。

表 2.2　自我评估反思问题（第二阶段）

阶段 2：接近迹象	是	否
理解障碍		
1. 模糊障碍		
1.1　障碍是否很早就在创新项目中出现了?	☐	☐
1.2　这些理念和概念仍然晦涩难懂和模糊不解吗?	☐	☐
1.3　合作者间是否会就一些无形的成果（如服务）交换意见和想法?	☐	☐
1.4　团队是否与代表共同分享知识?*	☐	☐
2. 术语障碍		
2.1　合作者都使用不同的术语吗?你能观察到他们之间存在语言差异吗?	☐	☐
2.2　你是否观察到一方使用特定领域的语言?	☐	☐
2.3　双方是否经常一起工作，一起沟通? *	☐	☐
3. 不平衡心理模式障碍		
3.1　合作者是否了解工作流程和工作环境?*	☐	☐
3.2　合作者是否检查了彼此的工作流程、时间表和资源状况？是否存在一种"实际检查"方式?*	☐	☐
利益障碍		
1. 故步自封障碍		
1.1　追求创新是否给参与者带来额外工作，如参与者必须习得新的能力?	☐	☐
1.2　参与者现有知识的相关性是否会随着追求创新而降低?	☐	☐
1.3　如果实施创新，参与者是否会面临负面的后果（如权力丧失）?	☐	☐
2. "我不是创新者"障碍		
2.1　是否有迹象表明参与者认为促进创新项目的知识共享不是他们的正式任务?	☐	☐
2.2　对于需要分享知识的项目，参与者是否觉得自己负有责任？*	☐	☐
2.3　参与者是否被要求整合他/她的知识（非主动的情况下）?	☐	☐
2.4　参与者在执行预先设定的核心任务时是否面临时间压力?	☐	☐

注：*反向问题：如果你选了答案"否"，请统计数量。

如果你在一个特定的障碍上选了两次或以上"是"的答案（或在反向问题[*]上点击了"否"的答案），那就很有可能存在着相应的障碍。现在，我们需要确定出一个合适的创新实践来突破给定的障碍。

阶段 3：识别“你的”创新实践

创新实践是解决理解障碍和利益障碍的一种合适的途径。为什么这么说呢?我们对大约 100 篇有关创新实践的出版物进行了系统的文献查阅，发现它们使用了一套独特的跨障碍机制来帮助团队突破知识共享的障碍。这个机制是什么呢?为了解这方面更多的知识，我们考察了体育用品行业一家大型国际组织的三个创新项目在三年内的创新实践情况。

图 2.3 是对跨障碍机制成功地突破特定障碍类型的概述。接下来，我们会说明为何特定的创新实践能对具体的知识共享障碍发挥作用，以及他们使用的是什么类型的机制。此外，我们还为每种跨障碍机制提供了具有示范意义的创新实践。

创新流程的早期阶段充满了不确定性和模糊性。这些创意在技术上可行吗?需要满足哪些客户细分市场和客户需求?

执行将如何影响员工角色、工作流程和组织结构?久而久之，这些创意将逐渐成熟并转变为具体的概念，但刚开始时，这些概念相当模糊，项目团队很难清楚看到潜在的结果。在这个阶段，团队成员之间经常产生模糊障碍。在创意研讨会上，我们经常看到那些内向员工的模糊障碍。不愿与人沟通会增加模糊障碍持续存在的可能性。无论何时遇到模糊障碍，我们都会使用交互式电子屏，用特殊装置将屏幕上的协作工作与个人书面工作结合起来。使用个人书面工作应用程序让参与者在一张特殊的纸上写出他们的创意，并将这些创意轻松地转移到一个大型的交互式电子屏上。在屏幕上，我们能对这些创意进行相互比较和完善。通过使用这样的方法，团队成员能与合作者沟通他们的理解并与合作者进行确认。我们发现，在创新实践中这种表现方法经常被用来确认理解并达成共识。我们将这种跨障碍机制称为“形成相互理解的语言”。其他基于相同机制的创新实践包括情景展现或用户游戏。

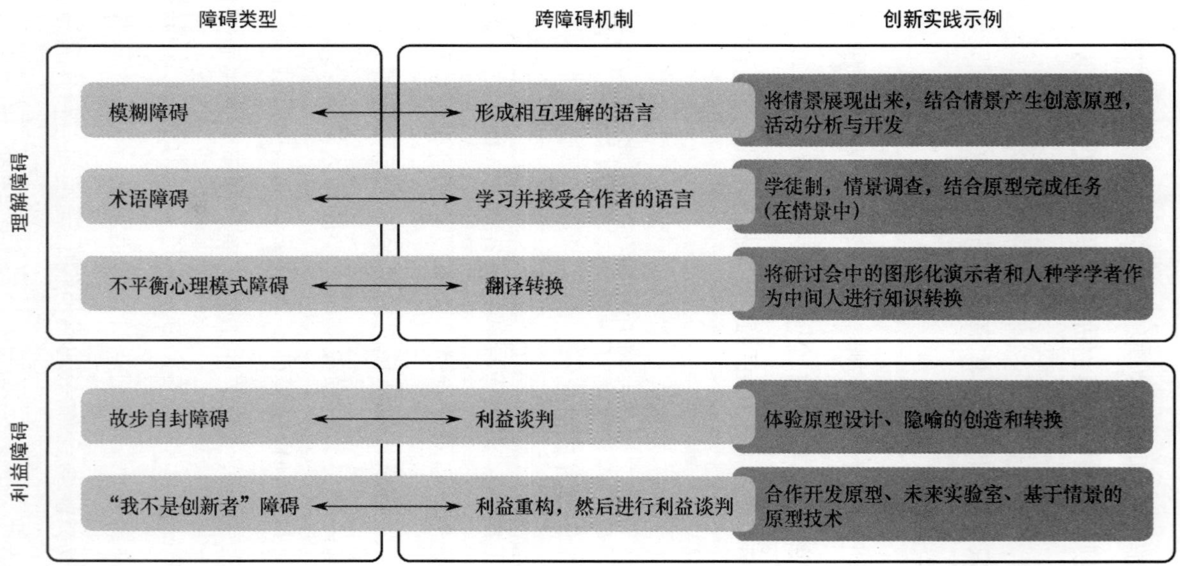

图 2.3　障碍类型、跨障碍机制和创新实践示例

在情景展现的创新实践中，知识共享问题会被展现出来，参与者用角色扮演方法描述问题。在角色扮演中，参与者表达了他们对相关问题的认识，同时也引发了合作者的思考。参与者可以自由地提出不同的解释，并不断地改变情景。

成员参与到用户游戏中，能创建与新技术预期用户的关系网络。这个游戏含有记号卡（sign cards）、故事标签（labeling the stories）和时刻卡（moment cards）。每个时刻卡上都有一个射频识别标签。当某人把卡片放在无线射频识别阅读器旁时，一个 30 秒的视频就会被播放。这些视频由人种学领域数据组成。参与者一个接一个地表演故事，第一个故事表演完后，参与者交换卡片，相互表演故事。渐渐地，生成了一个类似于纵横填字游戏的结果。当参与者认为新故事不再对用户形象产生价值时，游戏结束。

如果团队成员面临术语障碍，他们可以采用名为“学徒制”的创新实践方法。在一个大型组织中，一位负责建立新实验室的团队成员通过应用这种创新实践，突破了他和生产部门同事之间的术语障碍。他请生产工人教他如何制作运动鞋。从他们的日常工作中，他学习到了他们的特定词汇，并能使用他们的语言。因此，他能够更好地理解他们，从而在这个多元化的团队环境中更有效地进行沟通。我们发现运用跨障碍机制的创新实践对于学习和适应合作者的语言是有价值的。当团队成员观察其合作者行为并理解特定情景时，他们就会突破障碍约束，他们也越来越能以合作者的语言来理解和分享知识。使用这种跨障碍机制创新实践，是站在合作者的立场上结合原型展开情景调查或完成任务。

在情景调查中，团队成员周围都是知识渊博的合作者。团队成员在此场景中进行访谈，并学习合作者的语言表达方式。运用原型完成任务也可以增进知识共享和突破理解障碍。当看到他们的合作者运用原型完成任务时，团队成员就会更好地理解合作者的观点。此外，合作者也会有动力把自己的创意用语言表达出来。

我们发现，当出现不平衡心理模式障碍时，创新实践中的团队成员通过口头或可视化方式进行知识转换，对突破障碍是有帮助的。例如，研讨会中的图形化演示者，或者使用视频来洞察客户内心的人种学学者都可以担当这个角色。这类创新实践应用了包括“翻译转换”在内的跨障碍机制。

例如，在原型合作开发的创新实践中，团队也会面临故步自封障碍。一家大公司里，在一个为顶级运动员设计的新服务项目中，我们面临着两个团队之间的故步自封障碍。一个新成立的团队负责设计这项新服务，而另一个团队给此前得到赞助的顶级运动员提供这项服务。启动新服务将导致另一个团队的工作流程发生重大变化，并改变他们的工作角色。在研讨会上，两个团队把合作原型技术应用到模拟新服务“乐高认真玩”（LEGO Serious Play™）中。当他们一起构建模型时，两个团队的表现十分相似。在模拟过程中，两个团队就当前乐高表现形式展开了讨论。经过协商，两个团队明确了分工，就服务内容达成了共识。该服务实行后，新成立的团队承担技术专家的角色，而另一个团队担任教练的角色，指导被赞助的运动员完成整个流程。我们发现，如果能在成员间进行多次沟通讨论并相应调整，随后采纳跨障碍机制进行利益谈判，那么团队就能最有效地解决故步自封障碍。一方面，表现形式是表达利益强有力的促进因素；另一方面，我们注意到，表现形式使讨论建立在有形事物基础上，从而将讨论重点集中于问题本身。因此，他们减少了在讨论中由关系冲突和情绪反应带来的负面影响。另一个可用于支持利益谈判的创新实践是类似于 Caretta 系统的应用。

Caretta 是一个使各类参与者能够利用表现形式表达其创意的系统。参与者围绕一个共享空间，在这个空间中，被设计的对象是直观可视的（例如，城市规划任务及对应的城市地图）。每个参与者都配备了一个掌上电脑，用于显示在共享空间呈现的事物。通过使用掌上电脑，参与者可以根据他们的创意改变表现形式。然后，他们开始从掌上电脑向系统控制下的共享空间进行数据传输。该系统运行着一个模拟装置，用图像把参与者的变更要求显示出来，参与者讨论呈现的图像。如果在表现形式上达成一致，参与者会让系统更新之前的版本。

在要求位于核心团队之外负责新项目开发的员工协助项目实施时，我们经常观察到"'我不是创新者'障碍"。我们发现，有必要首先改变参与者对利益的认知，使之与他们合作者的利益更协调一致。我们将这种跨障碍机制称为"利益重构"。例如，我们观察到一个创新项目，其中的服务人员不愿意向他人分享他们对客户的深入了解。在早期阶段，他们不认为创新项目是他们职责的一部分，而且担心服务流程被强行变更。在整个项目过程中，负责项目的主管向服务人员传达这样一种认知，即参加这个项目与服务人员自身利益是紧密相连的，因为这关乎为他们设计未来服务的方向。我们采访了不同的服务人员，在项目过程中，我们看到他们是如何转变到理解为自己设计新服务这一利益上来的。这一变化随后使得他们更愿意分享知识。因此，利益重构至关重要，因为它确保人们在一定程度上愿意进行利益谈判。我们发现，当团队的期望受到挑战或团队成员内化一个共同的愿景时，就会出现利益重构。否则，只是装糊涂的行为模式根本无法让团队成员参加任何谈判活动。比如，研讨会在短时间内被取消。我们建议将利益重构的方法与利益谈判的方法结合起来。

团队可以应用创新实践、人种学或故事讲述法来进行利益重构。如果团队成员在有其他合作者的情况下应用人种学，他们关于合作者的假设可能会被挑战，观点可能会被改变。故事讲述法可以用来分享有关产品、客户需求等方面的知识。通过讲故事，团队成员可以分享他们对特定知识的理解，并为未来创造新的愿景。

由于对应的每种障碍类型都存在大量可以采用的创新实践，因此我们必须认真地进行选择。组织往往青睐和应用被合作伙伴或会议强调的某些方法，却缺乏对这些方法是否适合自身具体情况的考虑。这常常导致期望结果与交付结果之间存在差距。组织应该重视评估适用于创新实践的一系列标准，而不是盲目采用某些方法。组织需要识别和评估与组织相关及项目相关的因素，如资源、社会因素，以及与现有组织文化的契合度。

首先，组织需要衡量采用某种创新实践所需的物质资源。组织第一时间应该分析自身是否具有实力去实施创新实践，或者是否需要与相应的服务供应商合作。

对于后者，组织需要了解服务供应商的发展前景。因此，对于不同的供应商应该仔细筛选，了解他们的成本造价、专业知识和现有客户。此外，组织还需要考虑引进在应用创新实践方面有专长的方法论专家。例如，如果提供服务的供应商仅在方法应用期间为组织提供支持，那么组织仍然需依靠自身的能力来实现目标。

通常，组织应用创新实践需要花费较长的时间才能够突破现有的知识共享障碍。因此，组织也需要考虑“隐性”成本，以确保目标得以实现和组织 DNA 得以转变。我们了解到，有些组织投入一定预算，不仅用于创新实践本身，还用于实现目标。例如，这些组织不仅把领先用户研讨会的费用列入预算计划中，而且还预留了一笔专项费用，以便将研讨会的成果转化为实体产品和服务。创新管理者报告中提到，如果组织一开始就向合作者传达了项目的重要性，那么他们的参与和合作意愿度就会更高。

此外，组织应该创建一个时间表和进度计划，用以涵盖创新实践应用的前期、中期和后期的时间和里程碑。如果创新实践和成果转化花费时间太长，或者与现有的时间进度冲突，那就应当考虑另一种创新实践。如果创新实践需要经过长期整合，组织需要分析这种整合能否对组织的核心流程产生价值，如果能，那么需要什么样的培训来确保创新实践的高效应用？例如，多元化团队中用于构建共识的原型实践，能否成为企业创新流程中模糊前端的实践标准？如果所有多元化团队都使用合作原型，那么强烈推荐采用特定方法培训团队，如“乐高认真玩”。然而，所需的资源并不是唯一需要考虑的问题。我们认为组织应该进一步关注自身的组织文化，特别是参与创新实践的团队成员的心态，他们会接受并相信指定的创新实践吗？例如，用“乐高认真玩”合作开发原型是一种非常有趣的方法。组织需要考虑组织文化，以及员工是否对这些有趣的方法持开放态度。不是每个创新实践都适合所有的组织（创新）文化。在理想情况下，在创新项目中工作的人能对创新项目进行选择。这样他们就会产生实际期望，并在实践过程中减少对项目的抵制。

阶段 4：应用

适当的创新实践是消除知识共享障碍的关键一步，但这还不够。如果创新项目管理者想要创新实践成为可靠、有效的突破障碍的实践要素，那么他们就需要确保这些创新实践能交付预期的结果。因此，管理者必须对实施的效果进行监督。

为了确定实施的创新实践是否能成功突破已知的知识共享障碍并促进知识共享，创新项目管理者可能需要反复提问阶段 2 中提供的自我反思问题。通过这种方式，他们将能够识别出障碍是否已经消失，或者是否产生了新的障碍。

理想情况下，应用创新实践所获得的经验将指导未来创新实践的选择。例如，我们在一个多元化团队中使用"乐高认真玩"方法来对一个复杂的服务流程构建原型。该团队在大约两年的开发过程中遇到了多个挑战。起初，创新管理者不愿尝试这种有趣的方法，担心会有负面的言论。后来他同意采用这种方法，但要求采取全封闭式研讨。研讨会进展得很顺利且取得成功。团队非常认可这种带给他们建设性互动的有效方法，也肯定了各方做出的贡献。团队对这种有趣的方法大为赞赏，之后他们对未来创新实践方法的选择变得更加开放。

2.3　结论

企业在项目开发团队中努力突破多元化带来的个体约束，但经常对创新项目中的知识共享管理不到位，这是由于项目日益复杂导致的。创新项目的特点是工作组由不同领域、跨学科的个体组成。在与他人分享知识时，每个人都面临这样的问题：如果分享了自己的知识，我还会是这个领域的专家吗？如果外部创新者被视为未来的专家，我的工作会怎么样？我真的想和来自不同领域的人交流吗？我该如何整理我的知识，才能让别人理解？每个创新项目管理者都会时不时经历这些知识共享障碍。作为团队成员个体约束的一面镜子，知识共享障碍有时可以通过适当的技巧和敏感性予以解决，但也并非总是如此。用创新实践不断完善标准化创新流程，可以为突破这些障碍提供有力的支持。创新实践可以纠正在特定障碍上的具有破坏性的沟通模式，使之重新专注于项目，或者以破除员工习惯的方式来构建知识共享。

在本章中，我们为创新项目管理者提供了一个四阶段的自我评估问卷，让他们能够在项目团队中识别和解决知识共享障碍。自我评估问卷具备标准化应用的可行性，因为它可以帮助用户理解他们所观察到的行为和障碍类型。它应作为在创新项目中积极影响个人态度的基础。通过指出不理想的发展趋势并提供纠正措施，帮助项目团队避免创新项目中由于知识共享障碍而导致的系统性错误，自我评估问卷对此提供了深刻见解。在当今的创新项目中，在跨学科个体间的知识共享日益增多的背景下，这一点尤为重要。

【参考书目】

2bAHEAD (2016). *Der Trend Index 2016.1*. Available from: http://izz.sfu.ac.at/files/Executive%20Summary%20TrendIndex%202016.pdf.

Brandt, E. and Messeter, J. (2004). Facilitating collaboration through design games. In: *PDC 04 Proceedings of the eighth conference on Participatory design: Artful integration: Interweaving media, materials and practices*, ed. Andrew Clement and Peter van den Besslaar, pp. 121–131. New York: ACM.

Carlile, P. R. (2004). Transferring, translating, and transforming: an integrative framework for managing knowledge across boundaries. *Organization Science* 15 (5): 555–568.

Rau, C. (2012). *Innovation practices: Dissolving knowledge boundaries in innovation projects*. PhD.: University of Erlangen-Nuremberg.

Rau, C., Neyer, A. -K., and Möslein, K. M. (2012). Innovation practices and their boundary-crossing mechanisms: a review and proposals for the future. *Technology Analysis & Strategic Management* 24 (2): 181–217.

Sugimoto, M., Hosoi, K., and Hiromichi, H. (2004). Caretta: A system for supporting face-to-face collaboration by integrating personal and shared spaces. In: *Proceedings of the 2004 Conference on Human Factors in Computing Systems, CHI 2004, Vienna, Austria, 24–29 April 2004, ed. E. Dykstra-Erickson and M. Tscheligi, pp. 41–48. New York: ACM.* https://dl.acm.org/citation.cfm?id=98592.

【附录 2-1】

阶段 2：对自我评估问题的回答进行分析

对特定问题的肯定回答为下面的行为模式提供了迹象。

行为模式	问题（见表 2.1）
相互误解的交谈	1
捉迷藏	2、3
捉迷藏	4
自发抵制	5、6、7、8、9
装糊涂	10、11

你观察到的在你的创新项目中的行为模式:

____

____

____

【作者简介】

克里斯蒂安妮·劳（Christiane Rau），博士，上奥地利应用科技大学工程学院创新管理和组织行为学教授。目前，她担任创新管理部、设计部和市场部的负责人。她积极参与战略创新管理、开放式创新和设计思维领域的研究、教学和咨询。她的研究成果发表在《产品创新管理》《研发管理》《创造与创新管理》《研究技术管理》等期刊上。她拥有产业工程学的知识背景。

安妮-卡特琳·奈尔（Anne-Katrin Neyer），博士，德国马丁·路德大学人力资源管理和企业管理教授，负责该大学的人力资源管理硕士课程。她的主要研究方向是人力资源方向的企业价值创造管理领域。目前，她的研究重点是社会互动、组织计划和人力资源战略对私营和公立组织无障碍合作与创新的影响。

奈尔博士拥有奥地利维也纳经济与工商管理大学博士学位，并获得德国纽伦堡大学博士后学位。此外，她还担任伦敦商学院英国高级管理研究所博士后研究员。

卡佳·克莱默-赫尔默（Katja Krämer-Helmer）是数字产品和服务领域的研究专家，研究该领域的战略创新管理和用户中心调查。她是一位专注于创新的专业人士。在创新研究、德国天空和阿迪达斯等德国公司的工作使其获得很多实用性见解。她的研究方向是协同工作环境、开放式创新和相对应的能力要求。克莱默博士是上奥地利应用科技大学讲师，并拥有德国埃尔兰根-纽伦堡大学博士学位。

第3章 新产品开发中的消费者心理约束

纳丁·希特肖尔德（Nadine Hietschold）

瑞士苏黎世大学

引言

新产品失败率约为40%，造成失败的主要原因其实很简单：消费者拒绝购买和使用新产品。在管理学和市场营销学实用工具不断被优化的时代，新产品的失败率依然高得惊人。尽管新产品的优势超过现有产品，但企业往往只能吸引早期用户而无法吸引后期庞大的消费者群体。

3.1 消费者约束：为何企业客源不足

即使企业花费大量精力去调查了解消费者，它们的新产品仍然被市场大批量地淘汰，原因何在？主要是因为当下大部分市场调研方法集中在消费者需求上，却忽略了一个事实，即消费者的个性和他们决定购买某商品的方式有本质区别。个体决策过程由他们的个性特质（心理特征）决定，如从众倾向（追随他人的选择，而不是做出与他人相反的选择）。这种个性特质会造成负面影响，降低消费者对新产品的接受度并且制约创新成功。例如，一家公司发布了一款新型智能手表，目标消费人群是青年女性，但因该款手表不同寻常，有别于传统的圆形手表，那么就有可能导致消费者接受意愿低、产品滞销的结果。这个购买阻力就是目标消费人群的个性特质带来的。年轻一代的个体，尤其是女性，为了融入群体，她们更倾向于追随主流。因此，年轻一代的女性通常不喜欢新产品，更倾向于选择购买那些看起来和同伴一样的产品。在多种心理因素约束之下，消费者更愿意维持现状，他们会过分重视现有产品，抑或过分担心新产品的潜在故障、物理风险、可承受性和社会认可度。

在产品开发和投放市场的过程中，要想把潜在消费者发展为真正的消费者，企业需要了解消费者有哪些心理约束并突破这些心理约束。市场营销人员也认识到，消费者普遍对新产品存在顾虑，在决定是否购买公司的新产品时犹豫不决，但市场营销人员往往并不知道是什么造成了这种阻力，所以也不知道应该如何在新产品开发流程中尽早解决这个问题。

1992 年，百事可乐向市场推出水晶可乐时，也曾遭受过这种心理约束的阻碍。水晶可乐是一种透明无色的可乐，虽然颜色与棕色可乐形成了鲜明的对比，但它与棕色可乐在味道上只有细微差别。面对这种陌生的变化，消费者并不买账。所以，水晶可乐只好在次年退出市场。如果百事可乐了解其目标消费人群的主要心理诉求是追求清晰的产品（不欢迎含混不清的产品），那么也许可以避免这样的失败。

消费者的心理约束就像每个人的 DNA 一样是独一无二的。但研究者发现，如果个体具有相似的人口统计学特征（如年龄、性别和教育），那么他们往往也具有相似的心理特征。为避免创新失败，企业在新产品开发和市场推广过程中，需要认清目标消费者的心理约束模式并采取相应对策。这是一个极具挑战性的尝试。

3.2 节会更详细地介绍心理约束。这一章主要介绍不同类型的心理约束，如与身份相关的自我定位约束、认知方面的自我思考约束和情绪方面的自我感受约束，并为企业提供建议，用以优化新产品开发标准流程来突破这些约束。

3.2　什么是心理约束

当描述一个人的时候，我们通常会谈及他的性格特征，例如，这个人是外向的还是内向的，有耐心的还是急躁的，做事有条理的还是一团糟的，待人友善的还是性情暴躁的。我们所谈及的这些性格特征，是一组内在的个体心理特征（个体会在思维、情感和行为模式上有所差异），通常被称为个性特质。它在很大程度上独立于购买环境，而且在长时间内保持稳定状态。尽管性格可以改变——例如，随着年龄的增长，我们会变得更冷静——但这种特质在短时间内很难发生改变。个性特质影响消费者如何看待产品（态度）和如何做出决定（行为）。例如，在购买新产品之前，缺乏安全感的消费者会听从朋友和家人的意见，相信他们的推荐；反之，自信的消费者很可能直接做出决定而不是咨询他人。

一些心理特征对消费者接受创新起着积极作用（如冲动和自信），而另一些心理特征很可能使消费者拒绝购买和使用创新产品。我们把这种心理特征称为心理约束。表 3.1 总结了三类心理约束：自我定位约束、自我思考约束和自我感受约束。

表 3.1　三类心理约束

约束分类	定义	特质	例子
自我定位	消费者的自我认知：他们是如何在人群中定位的，他人是如何看待自己的，以及他们相信什么	从众倾向 预防聚焦 属性关联	守旧：这类消费者接受新产品的可能性低
自我思考	消费者的思维：他们是如何从外部环境中获取信息的，又是如何处理和评估信息的	"鸽巢思维" 寻求清晰 低自我效能	思想稍显开明：这类消费者多对新产品持怀疑态度

续表

约束分类	定义	特质	例子
自我感受	消费者的情绪：决策过程中，他们感知情绪和依赖情绪的程度	特质焦虑 情绪依赖	易紧张：这类消费者更容易被复杂的新产品限制

后面将详述这三类心理约束的八种心理特质：（1）分析为何消费者抗拒接受新产品；（2）举例；（3）列举哪些消费者会存在这类约束；（4）阐释企业应如何突破这类约束。

3.3 “自我定位”约束

个体对自身有着特定的认知——自我认知引导他们的行为方式和消费方式，并且这种行为方式和消费方式与他们希望别人如何看待自己是一致的。例如，购买有机食品或素食者表现出意识形态上的自我认知，这种自我认知是可持续的、健康的。驾驶保时捷者则表现出贪图享乐式的自我认知。这种自我认知将消费者与不合群的群体区分，即与圈外人区分，但他们仍要遵从所在社会群体，即圈内人的价值观和行为方式。个体消费品（如衣服、食品和水果）是消费者自我认知的表达。只有当消费者意识到企业或新产品的特性和他们自身的特性一致时，他们才会接受这种新产品。

然而，仅仅把注意力集中在自我认知上并不足以让企业新产品热销。自我认知还受潮流的影响（如素食主义），并且与具体场景（如在办公室上班时是管理者，下班后是摩托车车手）息息相关。个性特质有着很好的稳定性，并决定了自我认知。例如，拥有跟随者个性还是领导者个性决定了消费者是追随购买健康食品趋势（跟随者）的人，还是第一个购买智能手表（领导者）的人。表 3.2 和接下来的部分会介绍三种“自我定位”心理特质：从众倾向、预防聚集和属性关联。

表 3.2　新产品接受过程中“自我定位”约束类型

“自我定位”约束的心理特质	定义	被约束影响的新产品的例子	消费者代表	新产品开发所需的调整	市场营销所需的调整
从众倾向	追随他人的选择，而不是做出与他人相反的选择	外形和传统手表有异的智能手表	女性年轻人	强调替代品的相似性而不是独特性 通过整合社交媒体和其他共享机制，促进社区建设	宣传新产品的流行度 让新产品和圈内建立联系，使竞争对手和圈外联系起来 通过低价促销、“买一送一”和“朋友推荐”等营销计划来创造保底销量
预防聚焦	倾向于避免消极后果，而不是寻求积极结果	更注重速度而非安全的新车	老年人	注重产品的实用性而不是状态方面 注重具体的产品特点而不是抽象的情感方面 强调产品安全方面的特点和实用性	传递有关产品性能和安全的信息 描述产品早已投入使用
属性关联	将两个客观独立的产品联系在一起的倾向	口感好的新药，而不是我们认知中的苦药	老年人	开发流程中使产品与积极属性保持一致 与行业内有学识的消费者一同开发产品	与流行的属性关联 让消费者逆向思考以消除关联

从众倾向

大众要么与圈内相融合（跟随者），要么与圈外相背离（潮流达人），这是一种稳定的个性特质，很大程度上影响着购买决策。对差异化有强烈需求的潮流达人关注自身的独特性。特别是当他们把大众市场视作圈外时，他们会做出更为不同寻常的、更新颖的选择，不去购买常见的品牌和产品。与潮流达人相比，追随者依赖他们的社会环境并购买适合自身需求的商品，来顺应所在的环境。追随者把大众市场视作他们的圈子，不会轻易挑战社会整体的容忍度去购买与众不同的新产品。

低估从众倾向是谷歌眼镜滞销的原因。新产品开发人员往往低估目标受众遵守主流社会标准的倾向。谷歌眼镜和传统眼镜相差甚远。这种从众倾向常见于女性年轻人。

当面临“自我定位”约束时，管理者和市场营销人员必须确保这种新产品符合消费者的自我认知。有从众倾向的个体想成为圈内的一员，所以他们会选择传统的大众产品。因此，当和这些有从众倾向的消费者打交道时，企业应该遵循以下四条准则。

1. 避免强调独特性。企业应研发一种高辨识度的产品型号去吸引大量的圈内人。最理想的情况是，新产品保留原型号产品或替代品的外形和理念，让消费者继续遵循他们的圈内准则。

2. 创新应与其目标消费者所在的群体吻合。消费者更重视认知信息。例如，摩托罗拉推出了一款圆形的智能手表 Moto360，它的外形和传统手表很相似。戴手表是表达认知的重要的一部分。因为许多消费者想作为传统手表的主人，继续留在圈内，所以他们倾向于购买摩托罗拉手表而不是与众不同的方形智能手表，如苹果手表。同样，索尼为推出新游戏机 PS4 所使用的广告标语是“为玩家而生”，清楚地将玩家定义为圈内人。

3．宣传新产品的流行度，证明实际上已经有许多消费者接受了这种新产品（如畅销书）。若消费者认识到这种新产品和该企业是他们圈内的一部分，那么他们就会接受并且认可它。

4．企业应界定圈外边界。例如，苹果公司就能很好地界定圈内和圈外。2006 年，苹果公司发起了“拥有一台苹果电脑”的宣传活动。在活动中，一个穿着时髦的年轻代言人说“我是苹果电脑”，而他的对手，一个身着正装的中年代言人说“我是传统个人电脑”。在随后的辩论中，苹果电脑和传统个人电脑就其特征和性能进行了比较，传统个人电脑明显处于劣势。通过突出苹果电脑的特性并建立一致性，消费者将这个穿着时髦的年轻人视作圈内人。苹果成功地把这种“我所买的东西代表我”的理念植入年轻人的心，人们甚至把苹果的商标贴在其他产品（如汽车）上，以显示他们属于“苹果圈”。

预防聚焦

所有人都趋利避害。然而，每个人达到这些目标的意图有所不同。有些人注重实现抱负和成就（促进聚焦），追求积极的结果；而有些人更关注责任和安全方面，力图防止消极的后果（预防聚焦）。例如，一些人锻炼是为了成为跑步最快的人和最性感的人（促进聚焦），另一些人锻炼是为了防止肥胖（预防聚焦）。预防聚焦型消费者购买最新款高科技产品的可能性较低，因为他们非常担心产品的性能。研究表明，老年人更容易受预防聚焦的影响。这就可以解释为什么电子烟的主要消费对象是年轻人。电子烟是一种新科技，它的风险和益处均不确定。大型电子烟公司的广告词是“促进聚焦”的，如 Blu 品牌电子烟的广告标语是“夺回你的自由”，主要吸引年轻人。迎合消费者目标导向的信息更容易获得成功。例如，“促进聚焦”型信息往往更容易获得社会的认可（如通过使用创新技术得到社会认可），而预防聚焦型信息则注重事实，在本案例中，如果继续抽传统型香烟将不被整个社会所接纳（如失去朋友）。

预防聚焦型的消费者更喜欢维持现状；他们以安全为导向，经常担心产品的性能。企业应该根据以下四条准则考虑消费者需求。

1. 比起享乐型产品，预防聚焦型消费者更喜欢实用型产品。实用型产品能够实现功能收益并解决问题。相反，享乐型产品意味着创造愉悦和乐趣。面对预防聚焦型消费者，企业应注重开发实用型产品。

2. 预防聚焦型消费者感兴趣的是产品可行性和低风险特征，而不是抽象的情感价值。因此，企业应注重产品的功能特征，而不是外观设计和社交性能等方面。例如，生产电动汽车的特斯拉试图推行转售担保服务，以解决消费者的担忧。特斯拉保证，购买了 S 型电动汽车的消费者如果三年后愿意将车转售给特斯拉，将收到一笔该车的转售款，这笔转售款将高于其他企业，如宝马和捷豹。欧洲城市可能会因为排放量而禁行柴油汽车，为了应对这个危机，几家柴油汽车厂商同样尝试这种方法，保证三年后退款。

3. 注重实用安全性对市场营销也很重要。应传递与消费者目标一致的信息，因为这样更有说服力，并且更易与消费者沟通。例如，汽车生产商大众在德国推广一套新的行人检测系统时，使用了以安全为导向的宣传标语，如“你不能拥有全视角，但你的车可以”。此外，关于电子烟可能会带来与传统香烟同样风险的争议，电子烟制造商尝试消除消费者的这些疑虑。例如，电子烟 Steamz 公司采用了下面的标语来迎合消费者的安全导向：“如果不戒烟，你会得癌症。但是，吸 Steamz 电子烟，你就不会有此担忧。”

4. 为了降低不确定性和减少认知风险，终极营销策略是把产品宣传为久负盛名的产品（上万名消费者信赖多年）。

属性关联

另一种心理特质是，消费者认为某个产品属性是独立的，还是和其他属性相关联的。在各种产品中，可以找出这样的例子，产品的一种属性影响着人们对其另一属性的看法。例如，价高质量就高；苦的药更有效；有机食品卡路里含量更少；食物越健康就越不好吃。总之，因为消费者很少能得到完整的信息，所以属性关联是有用的。属性关联需要较少的认知努力，但也很少基于科学真理。然而，消费者的性格决定了这种属性关联的可信度。有时，这种关联是如此强烈，以至于当人们看到客观的、相反的信息时，他们仍然相信这些不正确的关联信息。

消费者的属性关联可直接影响新产品成功。例如，"质次价低"或趁打折扫货会降低身份的强烈观念让许多消费者拒绝在打折商店消费，如沃尔玛。在"人在沃尔玛"的网页上有一张照片，消费者穿着不得体的服装在沃尔玛购物，这使得沃尔玛的形象一落千丈。利德连锁超市和塔吉特百货分别是欧洲和美国的折扣商店，它们已经意识到这种观念的消极影响，于是推出了"奢华"系列（利德连锁超市）和"Sutton & Dodge"高端肉系列（塔吉特百货），来展示其产品的优质和高档。属性关联的强烈信念不仅对创新企业，对整个行业而言也是一个挑战。例如，"自然的、传统的是好的，人造的是不好的"，这种关联会让人们拒绝接受新疫苗，或者当传统药物更有效时，人们反而会依赖自然疗法。研究人员认为属性关联在人们的童年时期发展形成。总体来说，与成年人相比，青少年的传统属性关联更少些。

在充分了解属性关联的基础上，企业也可以利用它让新产品受益。企业可以应用以下四种策略。

1. 强化属性关联，然后大力宣传产品关联属性。例如，人们在一项研究中发现，如果让消费者事先了解产品质量（在属性关联中"高质意味着高价"），虽然产品的最终定价较高，但在随后的产品评价中消费者给出的评价要正面得多。因此，在发布定价较高的新产品前，先强化性价比，使优质成为高价的充分理由。

2. 在开发流程中强调属性关联，把产品引向"正面"的维度。例如，"好吃的不健康，健康的不好吃”就是一个常见的属性关联。药物生产商巴克利成功地利用这个属性关联，推出苦不堪言的止咳药水广告标语，如“难喝却很管用”“发誓不尝却最终吃了”“让你的感冒来尝尝它的威力”。这些广告语都基于这样的观念——“良药苦口利于病”。

3. 避开过度依赖属性关联的消费者。熟悉产品类别的消费者依赖属性关联的可能性很小，因为他们有评估产品的标准和准则。可能的话，企业应该在信息可得、可用且目标消费群体拥有专业知识的产品类别中进行创新。

4. 营销人员可尝试消除属性关联，并引导消费者进行逆向思考。例如，消费者会天真地认为健康的食物卡路里含量更少。在一项研究中，消费者估计赛百味（健康食品提供商家）的三明治比麦当劳（不健康食品提供商家）的三明治卡路里含量低 30%。然而，当研究人员要求消费者考虑相反的情况（消费者应质疑健康主张的有效性或获得与健康主张不一致的证据）时，属性关联就被消除了。因此，营销人员可以组织教育活动，质疑这些主张并纠正大众的错误观念。

3.4 “自我思考”约束

个体从外界获取和理解信息的方式不尽相同。例如，一些人会消化他们能找到的所有信息，另一些人只想知道基本信息。在做出判断或决策时，一些人非常理性，另一些人却更依赖直觉。获取信息和评估信息的具体方法是一种偏好，而这种偏好和个性相关。一些偏好会明显地促进或阻碍对创新的接纳。例如，一些生性思想不开放的人接受新情况和新变化的意愿和可能性比较低。接下来介绍“鸽巢思维”、寻求清晰、低自我效能等心理特质如何对创新的接纳产生约束（见表 3.3）。

表 3.3　新产品接受过程中的“自我思考”约束类型

“自我思考”约束的心理特质	定义	被约束影响的新产品的例子	消费者代表	新产品开发所需的调整	市场营销所需的调整
“鸽巢思维”	倾向于依赖启发式的探索方法，而不是深度信息处理	需要深入了解的金融产品	男性 低教育水平群体	创造复杂性低的易用产品，并且说明书易学	传递易受益的信息 使用反常规的广告和与竞争者对比
寻求清晰	倾向于认为含混不清的情况是不可取的	非自然颜色的新食品	男性 年轻人	满足产品类别期望值； 避免新产品特征和常规产品特征有异	提供受益理由
低自我效能	倾向于低估自己完成任务的能力	需要计算机知识的移动银行应用程序	女性 年轻人 低教育水平群体	鼓励消费者参与协同合作； 在测试和试用过程中安排实用性测试	使用情感激励 口头说服消费者相信他们的能力

“鸽巢思维”①

约束消费者购买新产品的是“鸽巢思维”倾向，而不是系统的信息处理。大家喜爱的事物有所不同，我们可能活跃在某一领域，喜欢收集这个领域的信息（例如，为度假寻找价廉物美的去处），而讨厌搜集另一个领域的信息（例如，为了填好税务申报表去查阅税务法律文件）。但是，因为搜索和处理信息的方式不同，个体也会有所差异。享受参与费脑筋的认知活动的个体能获得更多的信息，并能够把它们进行更系统地加工。这些人更加活跃，对新信息和新产品更为好奇。有些人对系统思维的需求程度较低，并且依赖“鸽巢思维”。“鸽巢思维”者采用简单的决策准则来帮助自己更快、更高效地做出判断，因为他们较少付出努力和深入思考（如购买熟悉的品牌而不是陌生的品牌）。

举例来说，对消费者而言，金融产品太过复杂而往往不去购买。交易平台商安易永投就利用了消费者缺乏处理系统信息能力这个弱点，推出了社会交易服务，消费者只需简单地跟随专业交易员操作，投资交易记录就会自动更新到他们的账户上。此外，企业重塑品牌时，有名牌情结的消费者会为其助力。一些著名公司如果要改变名称和商标，就有可能削弱其品牌认知度。举例来说，美国零售商 Overstock.com 将网站名字改为 O.co 后，消费者几乎没人能认出这个品牌。几个月后，Overstock.com 只好用回原名。研究表明，低认知水平与低教育水平相关，男性的“鸽巢思维”比女性更严重。

具有“鸽巢思维”的消费者喜欢简单快捷的方式，这让企业面临着这样一个困境，这些消费者完全不了解新产品的好处。然而，相比观念根深蒂固的个体，具有“鸽巢思维”的人更容易受他人影响，从而接受新产品。企业应遵守以下三条准则。

1. 用少数关键点清晰地传递新产品的益处。应用非语言形式如视觉或听觉等

① 鸽巢思维（Pigeonhole Thinking）是指简单、快捷、不费脑筋的思考。——译者注

更容易获得信息，这种方法很奏效。

2．用反常规的信息去吸引“鸽巢思维”者的注意。有趣的不一致信息会激发人们思考，因为当一些全新的东西出现时，人们不再相信其原有的探索方法。在 20 世纪 70 年代，百事可乐成功地运用了这个策略发起“百事挑战”。“百事挑战”旨在抢夺可口可乐的部分市场份额。对百事可乐和可口可乐进行的一次盲测中，消费者惊讶地发现，比起可口可乐，他们更喜欢百事可乐。百事可乐大力推广这个看上去不合常规的结果，尽管它没能在市场份额中击败可口可乐，但它现在是世界第二大碳酸饮料生产商。

3．新产品的设计用法要简单，在认知上不能让消费者感到吃力。因为“鸽巢思维”者不会细看使用说明书。例如，卡迪・雪莱（Katie Shelly）所写的烹饪书名为《看图做菜——看见了吗？就这样烹饪！》，作者运用图片而不是书面文字描述教消费者如何搭配和烹饪食材。同样，媒体公司 BuzzFeed 也在社交媒体渠道上推出名为“美味”的系列视频，运用视频短片向人们展示烹饪食物的方法。

寻求清晰

寻求清晰（倾向于认为含混不清的情况是不可取的）阻碍消费者购买新产品，因为新产品往往伴随着模糊。如果说“鸽巢思维”阻碍创新认知，寻求清晰则阻碍消费者对新产品形成正面态度。含混不清的情况给人的感觉是陌生的、复杂的，有时是矛盾的。例如，一个传统手机用户第一次面对智能手机时，他可能会极度迷茫，因为他并不熟悉操作方法，所以他不能确定新手机是否能够完成预定的工作。在这种情景下，明确自己需求的消费者可能会拒绝购买这种新产品。当个体寻求清晰的倾向很明显时，他们会拒绝尝试那些不熟悉的、复杂的、有矛盾的东西，而这会让他们拒绝大部分新产品。

研究初步表明，男性比女性在寻求清晰上更为突出。个体想要快速解决含混不清的问题，因此他们会依赖易于理解且无须深入研究的信息。企业不应将消费者置于这种无法应对的含混不清中。例如，2000 年亨氏推出 EZ 可挤压塑料瓶，里面装着各种颜色的番茄酱，如紫色、蓝色或绿色。这种番茄酱瓶对小孩来说是一个很好的玩具，因此在刚进入市场就取得了成功。时间一长，家长们对这种非红色番茄酱感到不舒服，公司只好于 2006 年将这款产品撤出市场。

对企业来说，满足寻求清晰型消费者的最好策略是降低新产品的新颖度。

1．确保新产品的外观、感觉和性能满足消费者的期望。亚马逊在 2007 年推出 Kindle 电子书阅读器，此前很多其他电子书阅读器在市场上均告失败。Kindle 阅读器之所以能取得成功，其中一个原因是，相比先前的阅读器，它满足了消费者对图书产品类别的所有期望。亚马逊 Kindle 阅读器用一种特殊的电子墨水技术呈现书中的文字。最重要的是，和其他产品不同，它无须和电脑连接，是一台可以独立工作的装置。

2．要避免新产品的特征和消费者认为的常规产品的特征相差太远。因为棕色是可乐的主要特征，而红色是番茄酱的主要特征，所以百事可乐的水晶可乐和亨氏 EZ 彩色番茄酱不符合人们的产品常识。当新产品不合常理时，消费者往往不了解它们的益处，因为他们所依赖的产品常识无法让他们做出判断。

3．强调产品带来的收益，帮助消费者理解新产品的价值。例如，百事可乐可以宣传水晶可乐不添加人工色素，而不是宣传独特性和时髦感，因为这两者并不能给消费者带来切实收益。苹果公司有意运用激进式创新却很少失败。例如，苹果公司决定取消新型苹果手机（iPhone 7）机体上的耳机孔。但消费者接受了这一变化，因为苹果公司让消费者感受到了进步的愿景：去除耳机孔是为将来在新手机上使用无线蓝牙耳机铺路。

低自我效能

自我效能是个体对自身完成任务的能力的一种评估。低自我效能型消费者对他们使用新产品的能力缺乏信心。如果消费者认为他们没有能力处理这种改变，没有能力学习使用新产品，他们就会继续使用已掌握的产品，或者选择难度较低的其他替代品。尽管没有证据证明，但男性的自我效能似乎比女性高。此外，自我效能通常随着年龄的增长而提高（达到一定程度才会停止），受过高等教育的人自我效能更高。所以，女性、儿童和老年人的自我效能通常比较低，当设计和销售复杂产品时，应该重点考虑他们。

考虑到用户自我效能低，1995 年，微软推出了 Microsoft Bob 操作系统。微软 Bob 操作系统的设计界面比 Windows 95 操作系统更为简单。用户按照导航进入一个空间而不是桌面，里面已知的物品对应相应的程序（例如，挂历对应日历程序，笔和纸对应文字处理程序）。

遗憾的是，微软 Bob 操作系统给用户的感觉不是更直观，而是更复杂了。例如，虚拟空间里装了几个毫无实用价值的功能。虽然用实物进行类比的创意很好，但实际上不能解决消费者自我效能低的问题。

低自我效能会阻碍消费者购买和使用新产品。企业可通过以下四种方法来解决这个问题。

1. 在产品开发流程中进行广泛的易用性测试，通过测试识别两类问题，一类问题导致产品不易使用，另一类问题让消费者觉得无能力使用。易用性十分重要。一些专业咨询组织，如设计事务所专门研究人机交互界面，并向企业提供如何设计新产品的建议，让用户有一个特别舒适和愉快的体验。

2. 模拟使用过程，帮助消费者想象他们将如何使用新产品。这是提升自我效能最简单的方法。因为新产品的用法和原产品不一样，这需要消费者学习。例如，企业可以通过广告向消费者展示他们的新产品使用方法是非常简单的。网站创建企业 Wix.com 仅用几秒便向用户展示创建个人网页其实很简单，只需套上模板，应用拖放功效和自定义，单击几下鼠标，完全不需要网页代码。

3. 口头上说服消费者要相信自己的能力，以提升他们对自身能力的信心。

例如，德国的霍恩巴赫 DIY 连锁店发起了一项“工作中的女性”活动，包括女性工作坊和幽默的广告。在一本女性杂志中打出了“霍恩巴赫色彩”的广告语。模特展示的不是五颜六色的衣服，而是各种颜色的伤口（如淤青的拇指指甲），那是她在手工活动中受的伤。霍恩巴赫成功吸引了一万多名妇女参加其在 2015 年举办的手工活动。

4．让消费者参与实际生产过程（合作生产），以提高他们的自我效能，因为有人指导他们运用创新，学习新知。例如，宜家通过广泛的试验和视觉指导，让消费者在家轻松使用预制件拼装家具。

3.5 “自我感受”约束

比起我们的思维，情绪（“自我感受”）会更大程度地影响我们的行为和决策。例如，当感到悲伤的时候，我们会吃巧克力，尽管知道这样做对健康不利。情绪往往分阶段呈现，但一些个体比其他人更经常、更强烈地感受到某些特定的情绪。情绪化会阻碍潜在的消费者接受新产品。例如，易焦虑的消费者掌握高技术产品的可能性较低，因此，他们购买和使用的可能性也较低。在情绪方面，两种心理特质——特质焦虑和情感依赖对创新采纳构成了特定的约束（见表 3.4）。

表 3.4　创新采纳过程中的“自我感受”约束类型

“自我感受”约束的心理特质	定义	被约束影响的新产品的例子	消费者代表	新产品开发所需的调整	市场营销所需的调整
特质焦虑	焦虑，倾向于喜欢与威胁相关的信息	有未知风险的非科技产品	女性 年轻人	在测试和原型制作的过程中，识别恐惧和威胁的来源 新产品设计中要包含缓解压力的方法	采用恐惧性诉求（不使用新产品的威胁） 用事实传达新产品的简单和安全

续表

“自我感受”约束的心理特质	定义	被约束影响的新产品的例子	消费者代表	新产品开发所需的调整	市场营销所需的调整
情绪依赖	倾向于依赖情绪而不是信息	味道恶心的新药	男性 老年人	在产品设计中体现积极情感 在体验经历中诱导积极情感	用广告铺垫积极情感 化解负面情绪如羞愧和内疚

特质焦虑

高特质焦虑的个体更易焦虑，他们可能会更关注与威胁相关的信息，同时也关注帮助他们应对威胁的措施。例如，在购买汽车时，比起驾驶愉悦感和车身设计，高特质焦虑的个体会更重视安全气囊和其他安全防护。特质焦虑阻碍消费者对新产品的接受，因为这类个体主要关注产品的风险而不是收益。此外，对特质焦虑类消费者来说，应用新产品是一种潜在的压力来源，这是他们要尽量避免的。研究表明，高特质焦虑的消费者对自助服务技术不满意，也很少再次使用该技术。

创新越激进，特质焦虑对接受创新的阻碍程度就越大。研究表明，消费者畏惧基因技术，所以他们对转基因食品表现出的担忧远比普通食品要高。为了阻止转基因食品的扩散，世界各地的消费者发起了“反孟山都公司游行”，不断进行抗议。消费者的特质焦虑会对企业造成负面影响，所以，了解哪类消费者有这类约束尤为重要。女性特质焦虑程度总体上比男性高。此外，随着年龄的增长，情绪会趋向稳定，所以特质焦虑程度会随着年龄的增长而降低。特别是以年轻人和中年女性为目标受众的产品范畴（如健康和食品）可能会存在消费者特质焦虑的约束。

高特质焦虑的消费者会感到巨大的压力，非常注重威胁和安全问题。企业可运用以下四种策略更好地应对特质焦虑的消费者。

1．在早期新产品开发中，识别消费者压力来源（如使用复杂和设计不良）。企业可邀请高特质焦虑的消费者测试新产品，观察哪些产品功能或用法使他们产生了压力，以识别压力诱因。

2．减少压力诱因，提供减压方法。例如，设计顾问公司 mPath 发明了一种工具，它结合电子传感器来测量皮肤导电率，同时进行观察来识别压力触发源。乐高在新产品开发流程中运用了这种工具，为乐高技术开发了一款 App，其功能包括动画操作指南，用它介绍拼砌乐高积木的方法。通过使用压力检测工具，mPath 发现，在虚拟页面添加动画会让孩子们不知所措。当孩子们发现自己操作失误要重新回到操作指南时，或者每到搭建过程的检查点（确保在下一步开始前，检查前一步是否正确完成）时，他们的紧张感也会暴增。

3．在市场营销中应用恐惧性诉求。例如，为了让人们系安全带，南非发布了一条安全带广告。这条感人的广告名为"初吻"，讲述了一对浪漫的年轻情侣在一个舞会上相遇，但没有机会体验到他们的初吻。因为他们在舞会后回家的路上发生了车祸，由于没有系安全带双双身亡了。广告播出六周后，安全带使用率提高了 11%。

4．直接解决恐惧和担忧。例如，用具体数据展示产品的可信赖性。引导高特质焦虑的消费者根据事实做出决定时，他们的情绪依赖会变少。因此，在广告中公布产品安全的数据和信息，可减少消费者的焦虑，从而减少焦虑对其决策的影响。

情绪依赖

情绪是我们每个人生活中的一部分，但是，一些人在做决定时会比其他人更容易受情绪影响，并且比其他人带有更为强烈的情绪。

利用情绪信号，如声音和色彩，有时比深入思考更轻松、更快捷和更有效。

但是，情绪依赖明显阻碍了消费者接受新产品和新服务。消费者会利用情绪信号来判断某种新产品，所以，情绪依赖是一种启发式的决策，因为消费者会利用情绪信号来进行判断。然而，相比“鸽巢思维”者，情绪依赖性高的消费者会对信息进行系统处理，只是最后更侧重情绪方面。情绪比其他方面如真实的信息，更强烈地影响着消费者的判断和决定。一般而言，较年长的人比年轻人更倾向使用探索方法，并且更加注重情绪信息。此外，据报道，女性比男性更情绪化。

总而言之，如果消费者对新产品表现消极，他们会认为这种产品风险高、收益低。例如，在疯牛病危险期，即使人类感染该病的可能性极低，但消费者也会避免购买含牛肉的产品。消费者评估牛肉产品的方式实际上很大程度上取决于新闻媒体使用的专业术语。在一篇研究中，接触到词语“疯牛病”的实验参与者基于他们的情绪决定是否要进食牛肉。当用上“牛海绵状脑炎”或“克雅氏病”这些词语时，消费者在随后的消费行为中反而倾向基于客观的风险判断。2016 年三星召回产品——新款智能手机 Galaxy Note 7 时，情绪依赖在其中起了很大作用。尽管电池过热致火的可能性很低，但消费者高估了该风险，所以三星不得不召回全部产品线的所有产品。

情绪依赖性高的消费者高度重视那些和他们情绪一致的信息。企业可以利用以下四种策略来提升新产品的情绪诉求。

1. 坚持激发积极情绪的设计理念。例如，令人愉悦的产品设计融合了和谐与平衡。此外，传递恰当的产品品类信息也会影响消费者对新产品的情绪。例如，将智能手表视为科技设备类产品范畴时，它可能会引发消费者的负面情绪，如技术焦虑。但是，让消费者明白智能手表属于手表类产品范畴时，因为大多数消费者对手表比较熟悉，所以产品也就更容易被接受。

2. 考虑消费者购买后和使用时引发的特定情绪。这种情绪基于产品期望、使用难度和使用收益。消费者体验从购买后拆开新产品包装的那一刻开始。“开箱”

令人心情愉悦，人们会把拆包过程录制下来，上传到视频网站，甚至这已成了一种趋势。例如，苹果重复测试包装设计，以优化良好体验。包装设计应简约体贴，组件排列有序，拆包简单。

3．唤起消费者积极情绪，刺激（冲动）消费。例如，可口可乐直接在广告标语中融入积极情绪，如“畅爽开怀”或“品味感觉”，并伴以欢快的背景音乐。奥迪巧用了它的商标——连环圆圈，创作出广告标语“欢乐饱含意义”（Jooooy finally has meaning）。

4．情绪依赖性高的消费者会屈服于消极情绪，所以最好向他们传递不使用新产品的内疚和羞愧思想。例如，果汁公司发布了一张图片，图片上有个骑自行车的男孩，配上广告标语“你检查了他的头盔和车轮，你不检查一下他所带果汁的商标吗”。另一则引起热议的广告来自蛋白质世界，这也是一则反常规的广告，一位身材火辣的女性配上广告词“你准备好去海滩了吗”。有些人未能在入夏前减肥成功，而该广告则试图唤起这群人的内疚和遗憾。尽管体形自卑者抗拒该广告，但这种情绪诱导是成功的，因为这则广告为企业带来了巨大的销量。

3.6 发现心理约束

企业如何判断特定目标受众是否存在心理约束？无论企业是通过粗略的还是详细的目标市场研究，都可以发现消费者的心理约束。当下的市场研究方法关注消费者需求和新产品特征需求，与其不同的是，我们介绍的这些方法则关注消费者个性特质。

企业往往将新产品的最大受益群体定义为目标受众。在智能手机市场方面，黑莓的目标受众是商业人士；苹果的目标受众是热爱时尚的年轻人；公平

（Fairphone）的目标受众是道德意识高尚的人。通过市场调研可识别最具吸引力的消费群体的特征。目标受众的研究通常基于社会人口因素（如年龄、性别、收入和居住地）或心理统计因素（如态度、价值观和生活方式）。传统的市场调研方法往往不能使产品畅销。例如，根据消费者环保意识程度进行市场细分的方法，已经使许多企业的产品在市场遭受败绩。再如，清洁品生产商高乐氏为环保型消费者开发了一条“节能环保”产品线。这些商品并未得到环保型消费者认同，因为他们对只有表面功夫的环保产品并不买账。发现心理约束对了解相关目标受众、创新设计和创新沟通非常重要。发现这种心理约束可能需要对目标受众做更深入的研究。

企业可通过详细的调查，即调查分析目标受众中具有代表性的样本来测量心理约束。测量心理约束的问卷模板参见表 3.5。消费者阅读问题后，在 0～9 分的范围内打分，以反映他们易受限的程度，分数从 1 分（强烈不同意）到 9 分（强烈同意）。然后，计算出消费者心理约束的平均值，企业可由此了解目标受众的心理约束程度。如果心理约束值超过 5 分（绝对平均法），则表明大部分目标消费者都有心理约束倾向，这个时候企业就要注意了。企业也应该计算每种心理约束的平均值，也就是说，计算所有心理约束的总平均值，然后计算哪种心理约束超出平均值（相对平均法）。

表 3.5　测量心理约束的问卷模板

心理约束	调查问题举例
“自我定位”约束	
从众倾向	1. 我主动避免穿过时的衣服 2. 在聚会时我通常举止得体，以融入群体 3. 当不确定在某一社交场合该怎么做时，我会效仿别人
预防聚焦	1. 我通常遵从父母立下的规矩和准则 2. 我担心犯错 3. 我经常思考如何避免在生活中犯错

续表

心理约束	调查问题举例
“自我定位”约束	
属性关联	1. 产品的价格是其质量的重要指标 2. 当某产品售罄时，认为它比其他产品有价值 3. 有机产品比传统产品更健康
“自我思考”约束	
“鸽巢思维”	1. 我不喜欢过多思考 2. 我试图避开需要深度思考的情况 3. 我相信直觉
寻求清晰	1. 生活平静、有规律的人不如意之事较少，对很多东西心存感激 2. 相比大部分或全部是陌生人的聚会，我更喜欢与熟人聚会 3. 一份好工作的特点是清楚它要做什么和怎么做
低自我效能	1. 我的一个问题是，当我应该开始认真工作的时候却不能开始 2. 当觉得新产品对我来说有难度时，我会避免使用 3. 对自己的办事能力缺乏信心
“自我感受”约束	
特质焦虑	1. 我为不必要的事过度焦虑 2. 我感到紧张和焦虑不安 3. 只要想到最近重要的事情和利益，我就会处于一种紧绷和焦虑状态
情绪依赖	1. 当回想某种情形时，我通常会想起情形的情绪方面 2. 我做决定时会倾听内心的声音 3. 我经常过于情绪化

若企业发现仅有一两种心理约束值在平均值之上，那么简单调整原有策略即可。但若发现多种心理约束值在平均值以上，那么企业需要判断是否进行逆向调整。如果是这样的话，企业只要调整其中一个矛盾约束。例如，针对预防聚焦型消费者，企业应在市场营销中注重信息的具体性，在新产品开发中注重实用性。如果这组目标受众在情感依赖值上同样测得高分，那么企业最好注重积极乐观的情绪需求。在这种情况下，企业应该实事求是地观察心理约束得分高的消费者数量，并解决目标受众中更为普遍的约束问题。

【参考书目】

Chandon, P. and Wansink, B. (2007). The biasing health halos of fast-food restaurant health claims: Lower calorie estimates and higher side-dish consumption intentions. *Journal of Consumer Research* 34 (3): 301–314.

Deval, H., Mantel, S. P., Kardes, F. R., and Posavac, S. S. (2013). How naïve theories drive opposing inferences from the same information. *Journal of Consumer Research* 39 (6): 1185–1201.

Jhang, J. H., Grant, S. J., and Campbell, M. C. (2012). Get it? Got it. Good! Enhancing new product acceptance by facilitating resolution of extreme incongruity. *Journal of Marketing Research* 49 (2): 247–259.

Laros, F. J. and Steenkamp, J. B. E. (2004). Importance of fear in the case of genetically modified food. *Psychology & Marketing* 21 (11): 889–908.

McCrae, R. R. and Costa, P. T. (1995). Trait explanations in personality psychology. *European Journal of Personality* 9 (4): 231–252.

Meuter, M. L., Ostrom, A. L., Bitner, M. J., and Roundtree, R. (2003). The influence of technology anxiety on consumer use and experiences with self-service technologies. *Journal of Business Research* 56 (11): 899–906.

Sinaceur, M., Heath, C., and Cole, S. (2005). Emotional and deliberative reactions to a public crisis mad cow disease in France. *Psychological Science* 16 (3): 247–254.

Wang, J. and Lee, A. Y. (2006). The role of regulatory focus in preference construction. *Journal of Marketing Research* 43 (1): 28–38.

【作者简介】

纳丁·希特肖尔德（Nadine Hietschold），博士，瑞士苏黎世大学的博士后研究员，目前在该校从事有关社会创新者的外资研究项目。她 2017 年毕业于德国德累斯顿工业大学，毕业论文题目是“消费者对创新的抗拒”。她致力于研究创新的微观基础。特别值得一提的是，她研究个体对新产品的（消极）感知、情感。她曾在以下学术期刊上发表过数篇论文，如《研发管理》《国际生产研究》《卫生服务管理研究》。

第 2 篇

组织约束

本篇中的章节提出了突破组织约束的解决方案，我们将其定义为企业在开发新产品和服务时需要并使用的结构、流程和资源。第 4 章由凯瑟琳·霍尔兹勒（Katharina Hölzle）、坦贾·赖默尔（Tanja Reimer）和汉斯·乔治·戈姆登（Hans Georg Gemünden）共同编写。第 4 章提供了一个诊断性架构，用于识别降低标准创新流程有效性的潜在组织约束问题和原因，并且深入地探讨了四种问题和原因的组合。作者概述了突破这些约束的整套方法，并详述了在特定组织内的解决方法。

本篇其余章节研究了更为具体的组织创新约束：在使用虚拟团队过程中面临的挑战，以及服务行业人员追求创新时所受到的时间约束。在第 5 章，作者弗洛杰·柏林登巴克-德莱森（Floortje Blindenbach-Driessen）开发了一个架构，描述了服务行业人员在其公司的创新工作中所扮演的双重角色。本章重点介绍了激励、效率和项目选择这三个关键性的问题，并提供了如何开始着手做这些事情的具体步骤。

该篇最后对虚拟团队在新产品开发中面临的约束进行了讨论。第 6 章，多诺万·哈登布鲁克（Donovan Hardenbrook）和特蕾莎·尤金斯·科瓦尔（Teresa Jurgens Kowal）通过对比标准的创新流程和基于虚拟团队的创新流程，解决了分散的虚拟团队的问题。因为企业逐渐依赖多元化、全球化、分散的团队，所以本章为管理者提供了如何实现和管理虚拟新产品开发团队的重要指导。作者明确了基于虚拟团队的创新的五个不同方面，讨论了实施改进的具体步骤。

第 4 章 识别并突破组织创新约束

凯瑟琳·霍尔兹勒（Katharina Hölzle）

德国波茨坦大学

坦贾·赖默尔（Tanja Reimer）

德国弗伦斯堡大学

汉斯·乔治·戈姆登（Hans Georg Gemünden）

挪威商学院

引言

正如第 1 章所述，我们可以将创新挑战看作障碍、失败或约束。我们必须能够识别组织创新约束，对其进行控制并采取适当的行动来突破它们。在本章中，我们提供了一种能够系统地识别组织约束问题和原因的方法。为了培训员工使其能够突破组织约束，我们还提供了一种名为“创新智库”的解决方案。在本章中，我们把创新约束分为四类，在“关于我们的研究”栏目中进行详细阐述。

关于我们的研究

为了有效识别和分析常见问题产生的主要原因，并获得创新约束的详细信息，我们进行了大规模实证调查，对德国三家跨国公司（分别为 A 公司、B 公司和 C

公司）的产品开发项目管理者和团队成员进行了 142 次访谈。其中两家公司（B 公司和 C 公司）拥有独立的事业部，它们所服务的市场具有高度的多样性。因此，这些事业部具有独特的流程、结构和文化，作为本项研究中的独立组织（被分别命名为 A，B1～B4 和 C1～C3）。共有八个独立组织，分别来自德国（GER）、瑞士（CH）、英国（GB）和美国（USA），且主业均为制造业（见表 4.1）。所有组织都对创新有很高的需求，所以非常适合本项研究。我们在创新流程中选择了不同阶段的项目，以实现最大限度的多样性。我们关注的是创新流程早期阶段的探索性研究和技术项目，以及市场导入前的增量开发项目。另一个选择标准是在项目中的正式职位，包括一名全职项目负责人和至少一名全职项目成员。我们一共进行了 42 个研究项目，平均耗时两年，团队规模在 2～25 人。我们在这些产品开发项目里采访了 142 人。受访者为团队领导者或新产品开发团队的成员，平均任期为 12.8 年，在各自组织中的任期为 2～28 年不等。在受访者中，76%为男性，24%为女性。90%的受访者拥有一个或多个学位，70%为理工科，25%为商科和社会科学，5%为其他专业。每个项目成员都阐述了他们多次进行创新挑战的经历，共计 580 次。关于我们访谈数据的更多细节，如表 4.1 所示。

表 4.1　访谈数据

组织	A	B1	B2	B3	B4	C1	C2	C3	∑
国家	GER	GER	GER	GER	CH	GER	GB	USA	8
#项目个数	6	6	7	5	3	2	8	5	42
#受访者人数	26	23	24	15	12	4	27	11	142
#创新挑战次数	104	98	95	57	51	14	114	47	580

注：GER=德国事业部；CH=瑞士事业部；USA=美国事业部。

4.1　系统识别组织创新约束

虽然很多因素是真正约束的诱因或结果，但在文献中这些因素还是被称为创新的组织约束。因此，我们从创新约束的多维度概念开始。创新约束可以通过明显问题及其潜在（通常是隐藏的）原因来描述。我们通常很容易观察到这些明显的问题，它们一般表现在反对某一创新项目的论据中（如高开发成本和不确定的销售额）。潜在原因会引发约束，如资源或知识的匮乏。通过将问题及其原因结合起来，我们不仅可以更好地识别创新约束，清楚地解释创新约束，还可以管理问题和原因。

如图 4.1 所示，创新约束可能有多种原因，这些原因共同导致了明显问题，组织中的成员可以很容易地识别出这些问题。创新约束就是原因和问题的结合。医学领域中有个很好的例子，病人表现出明显问题，如跛行，可能有多种原因导致这个问题，如肌肉酸痛或骨折。原因和问题共同导致了一种约束（不能跑步），并阻碍病人追求特定目标（保持或改善健康）。

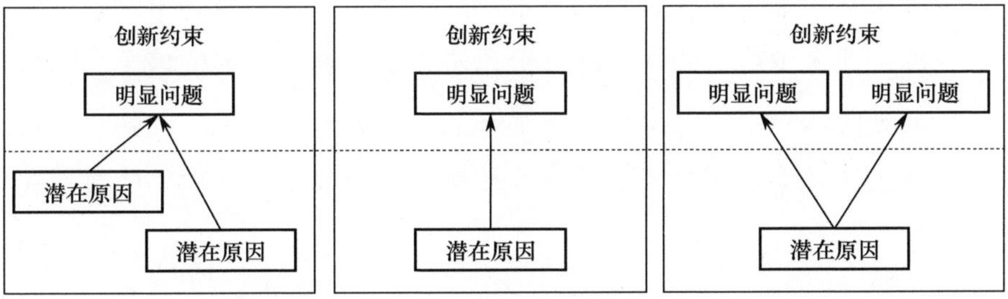

图 4.1　创新约束结构

识别创新约束问题

为了突破创新约束，我们必须从根源上解决问题。由于很难发现这些根源，我们需要清楚地了解约束是如何通过问题表现出来的。当项目成员和管理者被问及是什么阻碍了创新开发的最佳进程时，他们通常会进行各种各样的描述（约束），这些描述必须与各自的问题相关联，以便使人了解潜在原因并逐个予以解决。接下来阐述我们在研究过程中发现的五个主要问题。对于这些问题的描述有助于读者诊断问题。然后我们会分析这些问题的根本原因，并探讨解决方案，以便突破创新约束。

我们已发现的五个主要问题包括：

- 缺少内部合作
- 缺少外部合作
- 目标设定不明
- 缺乏足够的基本设施
- 创新行动受限

缺少内部合作

内部合作在产品开发流程中至关重要。它涵盖了项目团队成员之间以及与团队成员共事的外部组织成员之间的合作。例如，一个创新约束问题可能是项目团队内部沟通太少或者团队外部人员无法为团队提供必要的信息。同样，该问题也可能是团队外部人员未能提供足够支持。另一个明显问题就是项目成员必须在当前工作环境中花费大量的时间和精力，换句话说，项目成员不能与同事愉快合作。

缺少外部合作

这个问题反映了组织与供应商及客户的合作存在问题，企业创新项目与外部环境的接口需要得到足够重视。该问题表现为信息缺失、不完整或信息不共享，以及与外部合伙人的沟通不足。此外，内部团队成员表示，供应商或客户的员工不支持合作或不认可合作价值。

目标设定不明

目标设定不明这一问题表现为项目参与各方，即管理层、合作方和项目成员对项目目标不确定或未就项目目标达成一致，包括对实际问题和未来目标的不确定性。项目目标往往在项目进程中会发生变化，同时目标没有充分反映项目结构变更并与环境保持一致。项目不知何时可能会被中止，项目负责人可能无法做出继续项目的重要决定。另一个频发问题是项目目标变更使得项目任务不得不相应改变。此外，职责不清导致无法明确定义内部合作者的任务、职责和时限。

缺乏足够的基础设施

在创新项目中，"缺乏足够的基础设施"这个问题仅指有形资源，如人员、资金和运营资源。人员短缺主要是专业人员配备不足。资金短缺导致无法购买足够的材料或机器。在运营资源方面，现有不适用的设备和软件减缓了开发工作进度。另一个关键点则是项目成员通过项目外部可交付成果获得的支持，如施工和原型。这一短缺超出了项目团队的职责范围，并且会由于超过时间限制或质量不达标而阻碍项目的进展。

创新行动受限

创新行动受限问题是指创新者发现自身的能力不足。这意味着项目创新者没有足够的时间进行创新项目。员工由于能力不足无法完成项目任务，或者不能产生新创意，这些都是问题的体现。因此，如果创新者的潜在创造力不能充分发挥出来，项目的创新性最终会受到很大的负面影响。此外，该问题是个体对自身资源感知不足的表现。

理解创新约束的原因

以上所描述的问题可以由一个或多个原因引发。在研究中，针对每个问题，受访者都至少给出了一个原因。参与创新流程的人表示，引发创新约束的有四个主要原因：

- 缺乏技能
- 缺乏动力
- 战略限制
- 运营限制

需要指出的是，这四个原因来自受访者的看法。虽然有一些原因还可以进行更加深入的解释，但我们还是决定停留在这个层次上来进行解释，因为这些是与每个问题都相关的原因。在项目团队成员看来，这些原因需要得到纠正并处理，这点十分重要。即使存在更广泛的结构性原因（高层管理者应当处理这些），但团队成员的看法对于识别并积极突破约束至关重要。

缺乏技能

缺乏技能意味着现有的知识不足以解决手头的任务。这是因为个人和/或组织缺乏开展创新项目的知识。如果个人知识不可用和/或不能成功转化为组织知识，那么组织知识就会缺失。

如果创新概念是在企业外部定义的，或者项目超出了组织的核心能力范围，因缺乏所需能力，组织无法承担创新工作，也就无法积累创新技术和经验。此外，创新项目通常需要较高的技术水平，仅依据目前的知识做决策的话，企业将承担很大的风险。虽然缺乏技能可能与计划不周的人力资源政策或招聘不足有关，但这是人力资源规划的一个长期因素，我们在这项研究中没有涉及此方面。

缺乏动力

缺乏动力是指个体拒绝创新项目。个体应该自发地花时间致力于创新项目，并且愿意承担一定的风险。缺乏动力会导致创新意愿不足，更有甚者，缺乏动力甚至会产生与创新背道而驰的行动和决策。此外，出现规避风险行为的原因就是不愿承担更大的风险，如果个体对已有的经验深信不疑，会使创新受限，因为他们没有动力去学习新知识或改变习惯。个体需要一种内在的动力来推动变革，尝试创新并积极支持创新。然而，如果他们以前有过不佳的创新经验，那么他们开展创新活动的意愿会很低。

战略限制

当企业或部门的战略方向与创新项目的目标不一致时，战略限制就出现了。

如果部门的工作量超负荷，或者责任领域重叠，很可能引发对工作能力的争议，这样一来，企业很容易陷入冲突。此外，如果任务方针不明确，项目支持不到位，也会延误开发进度。企业需要创新，但一般只接受那些创新者从自己的部门预算中预先为项目提供资金的创新。由于第三方干预或企业本身的限制性方针，企业无法获取所需的外部信息，也就很难做出好的决策。此外，如果项目经理的自主性较低，他们的决策权也无法满足项目所需；如果没有明确定义运营和项目间的关系，或者没有正确设定权利构架，战略限制的影响就会非常明显。

运营限制

当项目形式化或存在僵化的流程时，运营限制就会出现。设置这些例行程序的初衷是方便日常运营和有效率、有效果地完成标准任务。如果设置例行程序时给灵活性和变化留有余地，就可以使创新更简单，但如果太过形式化，就会阻碍项目。然而，另一个极端也是可能的，即没有定义好的流程或只有内部信息通道。项目团队成员的空间分离或组织知识管理不足导致内部信息通道不明确。在人力资源政策上，员工流动性较大，不同项目的员工分布过于分散等，都会给创新进程带来问题。

处理组织创新约束：问题和原因组合

理论上，五个问题和四个原因可以组合成二十种不同的类型，但实践中它们并不会全部出现。

在本章中，我们主要讨论在研究中经常出现的三种创新约束类型。接下来，我们通过具体原因和问题的例子来详细阐述这三种约束。此外，我们还将详细阐述组织局限性增强创新约束的情景，为采用创新流程提供一些最佳实践作为参考（如何突破创新约束）。

创新思想的约束（“我有一个梦想”）

在许多组织中，员工没有时间或自由跳出固有的思维模式去思考或做新的尝试。通常，员工被要求变得更有创造力和创新性，但企业既没有启动相关程序，也没有设定相关奖励，特别是，以目标为导向的项目目标实现的评级比制订真正创新解决方案的评级要高。当项目成员在完成日常任务就已达到其能力极限时，他们就不再具有产生新创意获得解决方案的智慧和能力。此外，由于持续的时间压力，缺乏时间弹性会导致目前和未来项目中只能开发出一些改善或优化的解决方案。除运营限制外，我们还观察到，缺乏激励也会限制创新行动。正如一些员工告诉我们的，他们过去曾试图提出新的想法或创意，结果要么被嘲笑，要么这些“梦想”在其他方面给他们带来了负面影响。最后但并非不重要的一点是，在如何开创性思考、如何采纳不同的观点或如何充分沟通上，缺乏可运用的技巧和方法也是缺乏创新行动的原因之一。

调整。为了使员工在充足的时间和一定的强度下提出创新解决方案，企业不得不在员工日常工作之外提供自由。通过提供远离办公处的临时空间，或者对员工进行方法上的辅导，员工就会获得自由。从创新项目一开始，企业就需要鼓励创新自由并将其纳入项目计划。这意味着在创新的早期阶段要减少形式主义，并对所有参与创新的相关人员有所了解。项目管理必须根据项目规模进行设计，如报告程序应该简化到创造真正价值的基本水平，并考虑纳入项目规划和控制中。此外，可以为调研或项目相关研究分配固定的工作时间百分比。在指定的空间工作，如创新智库，同样有助于项目成员进入一种“思考和实践模式”，继而促进创造和创新。一些组织培训其项目团队使用创新方法并为论文撰写和专利研究提供外部支持。总体来说，我们发现在运营项目工作中为团队成员提供指定的休息时间，并在常规工作环境之外给予他们一定的创新思维自由，有助于企业突破创新思维不足的约束。例如，可以参加在创意、设计思维或其他创新方法领域的专家领导的为期一到两天的设计思维或创意工作坊。设立专门的“创新项目日”，邀请其他部门或单位的专家前来沟通也可以帮助员工跳出惯性思维，寻找解决方案。在项目后期阶段，可以通过给员工提供风险投资让其进一步发展这些想法，或者提供休假，让他们在指定的时间内实施自己的想法，从而保证一定的创新自由。

创意被拒绝（成为堂吉诃德）

员工主动跳出框架思考，开发新的想法，但想法往往被否定。这是因为创新的、不被熟知的或看似疯狂的想法通常不被接受或关注。因被视为不切实际的无稽之谈，这些想法并未被纳入创意选择或预筛选过程之中。因此，创新者通常感觉自身就如同堂吉诃德一般，骑着马，用长矛和假想敌比武，独自捍卫自己的创意以获得部门或单位的支持和认可。这是一个主要的创新约束。其特征表现为由运营限制引起的目标设定不明。在创新流程中，为了确保创新流程的可比性和透明度，决策的流程和标准在产品开发过程中起着重要作用，但因不适合评估概念性创意，继而成为一个主要障碍。就激进式创新而言，这显得尤其严重。一方面，企业渴望这样的创新；另一方面，激进式创新因其新颖性无法用标准化的程序进行评估导致无法跨越产品开发门槛，从而无法在创新流程中占有一席之地。

调整。如果组织在现有业务领域之外寻找创意，则必须创建一种方法去突破“以现有业务或流程为准”的旧想法。在创意生成阶段，应该将零散的创意纳入创意库，并让不同学科的专家进行初步评估。为了进一步发展这些创意，需要向其集中提供资源，如由重要部门或跨部门研究部门提供。这可由一个指定的创意发起人或团队来完成，具体情况视组织规模而异。这个发起人或团队充当着“创新警察”的角色，侦查那些激进或疯狂的创意，为其配备专项资金，用于对这些创意的初次评估（其中涉及不同领域的专家和外部利益相关者）。在目标协议中，这个发起人或团队每年需负责侦查出一定数量的激进创意。不仅如此，组织可能希望重新考虑其产品开发流程，并根据创新程度进行调整。因此，激进创意适合更加紧凑、迭代、灵活、开放的流程，增量创意则遵循标准创新流程。

创新项目缺乏支持（不愿意开始或“我们以前不是那样做的”）

虽然创意得到积极评价并且创新项目（通常被寄予厚望）已经启动，但许多项目因没有足够的资源支持而无法实现。例如，因为没有足够的工作人员（如技术人员和设计师）可供项目使用，项目中的特定任务和开发步骤缺乏专家指导，或者缺乏技术支持。创新项目资金缺乏在技术创新方面尤为显著。一般情况下，为这类创新获得长期、可靠的融资非常困难。造成这些问题的原因可能是技能缺乏或战略限制。在大多数情况下，如果一家企业因担心错过时机而同时开展多个项目，那么每个项目获得的资源是十分有限的。如果多个创新项目同时运行，专业人士需要同时在几个项目上花费时间和精力，从而导致工作超负荷并引发冲突。我们发现，问题的产生是由于整个组织缺乏对创新项目的协同，即缺少创新组合管理导致的。此外，如果常规工作出了问题，员工通常会立即退出项目，从而导致创新项目人才流失。技术创新长期资金支持不足的原因往往是由于这些项目通常伴随着高风险和未知结果。当企业决定投资技术创新时，必须由最高管理层来做出承诺。如果情况并非如此，或者承诺仅仅是纸上谈兵，那么研发部门只能动用本部门预算支付必要的费用，但这种做法无法长期维持创新项目，最终往往导致在短时间内放弃该项目。

调整。必须建立全面的项目组合管理并相应地分配资源。企业需要具备核心的创新组合规划，以确切地知道哪些项目在计划中（在早期阶段），哪些项目当前正在运行，项目目前处于创新流程的哪个阶段，根据什么进行项目人员分配以及这个项目的进展如何。创新组合规划同样也包括已经确定具有潜力但目前仍处于评估阶段的创意。不仅如此，规划必须确保专家不会被同时分配太多的项目。同时人事调动和技能发展也要被纳入考虑范围。同样重要的是，企业需要让所有项目团队成员了解当前项目之后的项目安排，这样他们就不必在当前项目运行期间花时间去寻找下一个项目，从而避免消极怠工和动力缺失。

如果确定了有潜力的创意并且预先不知道所需资源的确切数量，则需要给项目分配超过预期的足够的资金和资源，并实行永久分配以便无法短期撤回。在创新项目开始时签署书面合同，明确了组织对项目的承诺，并增加了转移资源的阻力。关于技术创新，企业需要意识到这种创新通常并非一到两年的承诺，而是长期的承诺，相较于增量产品创新，技术创新需要不同的标准来评估和管理创新流程。设立共享空间，让专家能够在特定时间齐聚一堂进行沟通反馈，以促进稀缺资源的有效利用。

总之，这三个示例清楚地展示了创新挑战的结构，其中包括显著问题及根本原因，如图 4.1 所示。如果组织或员工认为当前环境存在创新约束，那么本章中所提及的诊断工具则可以帮助使用者辨别问题与原因。示例展现了约束是如何显露出来的，并采用上面介绍的一个或多个调整方法突破这种约束。接下来我们将介绍我们与企业合作伙伴共同开发、设计、测试的最佳实践。许多个别的调整选项都融合在创新智库这个概念中。

4.2　突破创新约束：创新智库

在一个企业合作伙伴中，我们多次发现两类创新约束：没有创新思维的自由，没有创新项目的支持。虽然该组织本身是一家高度创新和技术导向的企业，并因其技术和工程能力而备受赞誉，但其员工表达了他们对产品开发流程主要约束的担忧，特别是存在于开发早期阶段的约束。员工觉得，他们不仅缺少时间去推动研发项目早期阶段的发展，而且在长时间工作时难以保持清醒的头脑。他们还发现，自己无法获得关于日常业务的专业建议，因为都是零星出现的小问题，没有签订项目合同，此外，也没有哪个部门会让自己的专家去参与这样的项目。基于我们的分类和提议的调整方案，我们开发并测试了创新智库的设想，以突破创新项目早期阶段的约束。创新智库属于企业内部空间，研发人员聚集在此开展早期任务。创新智库是思想和灵感的源泉所在，有助于员工完成工作任务及实现（早期）项目目标。与专注于单一主题的传统智库不同，创新智库允许不同主题同时作业。与传统智库的共同点是，创新智库也存在专家之间的互助沟通聚会。创新智库的重点在于概念研究（创新项目的早期阶段）。因此，创新智库还有助于平衡组织内部创新项目早期阶段和晚期阶段的重要性。

创新智库的组成要素

创新智库的四大组成要素：

- 空间设计
- 工作和时间分配架构
- 有效学习
- 关系网

空间设计

创新智库的设计旨在提供一种增强创新的替代工作环境。其中最重要的是形成与日常工作场所的物理分离。为了满足早期任务的特殊要求，创造一个安静和不受干扰的工作场所（积极的隔离效果）尤为重要。单人工作间的设立为个人独立研究和工作提供了条件。同时，创新智库还设立了用于深度讨论或电话会议的独立会议室。除此之外，创新智库还包括咖啡区、专家小组讨论场所和信息区（可查阅科学文献）。

工作和时间分配架构

创新智库的工作和时间分配架构是相当灵活的。参加创新智库是以自愿为原则的。但是，参与者需要开展一项具体且已规划好的任务。创新智库会开放四周（从早上 8 点开始），虽然员工被要求至少每天使用四小时创新智库，但他们可自由选择时间段。灵活的工作和时间分配架构导致了不同的群体构成，促进了增强创新的信息沟通。在工作日里，每天（上午 10 点到 10 点 30 分）的联合启动例会是唯一一件需要强制打断工作时间的事情，参加专家讨论会（通常在下午 1 点举行）则是自愿的。为了远离日常业务的打扰，参与者在使用创新智库时，被要求尽可能不使用电子邮件和电话。

有效学习

通过系统性地完成创新活动和支持项目，有效学习得以实现。参与者可亲身体验如何在创新项目的早期阶段成功处理任务。支持项目包括演讲、专家讨论，以及关于论文撰写和专利研究的方法论支持。方法论支持由企业信息中心提供，该信息中心会委派一名工作人员负责创新智库的开放期限（为期四周）。在这四周中，9 位来自创意技巧、技术趋势、业务细分策略和营销领域的企业专家主持了 15 场专家讨论会。

关系网

关系网是创新智库的一个重要组成部分，在主持人的协助下，关系网促进了沟通和信息交换。如何在安静的工作氛围和研发人员的积极沟通之间找到平衡点是运营创新智库的一大挑战。为了解决这个矛盾，在专家讨论和项目启动会议中应特别促进人际沟通（在会议中，参与者被要求在五分钟内向小组介绍自己及其主题）。除了这些有针对性的促进沟通的手段，参与者还可以在咖啡区建立跨部门人际关系。

创新智库的实施和推广

创新智库设备的使用权限是通过企业内网进行分配的。此外，部门主管亲自了解这一概念，并充当孵化器的角色。创新智库的测试阶段为期四周，超过 100 名研发人员使用（其中 60 人开展了早期创新任务；其他人参加了工作坊）。在第一周，创新智库会为有兴趣参观新设施的员工提供简单的午餐。创新智库团队还会向员工提供参观浏览、工作坊体验和短期实践等系列活动。此外，最高管理层还专门安排中层管理人员去寻找和邀请发明者加入创新智库。

创新智库的评估

参与者的人数、逗留的时间及期间的行为活动等信息每天都会被记录在案。此外，创新智库的试运行还附有书面评估报告（由研究团队概念化）。这份评估报告由初步评估和最终评估两部分组成。初步评估是基于关于参与动机和期望的个人访谈形成的。参与动机的主要驱动因素包括：（1）寻求安静和不受干扰的工作环境；（2）希望完成当前创新项目早期阶段的任务；（3）了解同事正在从事什么；（4）纯粹的好奇心；（5）寻求支持。参与者期望当早期阶段任务完后时，时间可节省 50%。

最终评估主要着眼于个人目标的完成度。此外，这一概念的改进源于对创新智库不同要素的评估。绝大多数参与者在创新智库中开展项目工作时都能大幅节约时间。其中一个参与者说："这太棒了（在创新智库的体验），创新智库能帮助使用者有效地缩短几个月的工作时间。"同时，关于智库工作氛围的调查结果表明，物理隔离使工作更高效。除了干扰减少，低噪环境和通信设备使用限制也得到了正面评价。注重互动的专家得到了积极的评价，而专注于"演示风格"的专家却不那么受欢迎。与此同时，专利或文献研究和技术趋势领域的主题受到高度重视，业务部门战略领域的主题则被认为最不实用。

此外，参与者还对获得"尝试一下"的自由表达了感谢之意。

他们觉得在此可以公开表达疯狂的创意，并找到支持（有时来自从非常不同的部门）去沟通创意和开展项目工作。他们还认为，创新智库团队就如何在项目后续阶段阐述他们的创意以获得资金和支持提供了宝贵的意见。

在测试之初，创新智库在各方面都面临质疑。在中低级管理层，人们的反对声尤为强烈。结果，在测试阶段的前两周，创新智库的使用率相当低且真正的合作并未实现。在测试的后半阶段，由于初始用户的积极反馈，创新智库变得为人熟知，参与人数持续上升。

总而言之，创新智库原型产品是成功的。结果表明，相较于以往的工作方式，创新智库可以使团队成员有效地执行任务并且投入更少的精力。而且，创新智库让参与者能够试验那些埋没在日常工作中的创意。因此，创新智库可以成为一个处理创新项目早期阶段出现的典型创新挑战的好工具。

研发人员对创新智库进行了为期四周的测试并给出了积极的反馈，这些反馈证明创新智库是处理创新挑战的宝贵工具，尤其是创新项目早期阶段的挑战。创新智库旨在以更快、更经济、更具创新性的方式支持前期研究的执行。它为开发创意提供了一定的空间、自由和支持，并且给予使用者及时反馈，旨在早期阶段能够更好、更大程度地获取创新项目。此外，它还在重要决策的最前沿提供指导和支持。原型产品试验阶段显示预期目标已达成。创新智库使研发人员能够更轻松地运用成功的策略来突破导致创新挑战的组织约束。这些成功策略包括在项目团队内部开展激烈的讨论，给创新项目提供一定的空间，促进团队之间的沟通，以及确保研究其他概念的自由。

【参考书目】

Mirow, C. (2010). *Innovationsbarrieren*. Wiesbaden: Gabler.

Reimer, T. (2014). *Umgang mit Innovationsbarrieren – Eine empirische Analyse zum Verhalten von F&E-Mitarbeitern*. Hamburg: Verlag Dr. Kovac.

【拓展阅读】

Amabile, T. and Kramer, S. (2011). *The progress principle*. Boston: Harvard Business Review Press.

Catmull, E. and Wallace, A. (2014). *Creativity, Inc: Overcoming the unseen forces that stand in the way of true inspiration*. New York, Random House.

Dougherty, D. and Hardy, C. (1996). Sustained product innovation in large, mature organizations: overcoming innovation-to-organization problems. *Academy of Management Journal* 39 (5): 1120–1153.

Kanter, R. M. (2006). Innovation: The classic traps. *Harvard Business Review* 84 (11): 73–83.

Loewe, P. and Dominiquini, J. (2006). Overcoming the barriers to effective innovation. *Strategy & Leadership* 34 (1): 24–31.

Wheelright, S. and Clark, K. D. (1992). *Revolutionizing Product Development*. New York: Free Press.

【作者简介】

凯瑟琳·霍尔兹勒（Katharina Hölzle），博士，工商管理硕士，德国波茨坦大学终身教授，创新管理和企业管理学会的创始人和主席，哈索·普拉特纳研究所和波茨坦设计思维学院的副教授。她自2016年起担任《创意与创新管理》期刊的主编，在学术期刊上发表了多篇关于创新行为、商业模式创新、项目管理和开放式创新等的文章。她拥有柏林工业大学博士学位、卡尔斯鲁厄大学商业工程文凭和乔治亚州雅典乔治亚大学工商管理硕士学位。其研究主要着眼于创新的文化和组织、创新障碍、设计思维、创新领导力和数字化等方面。

坦贾·赖默尔（Tanja Reimer），博士，德国弗伦斯堡大学博士后研究员。她的研究兴趣在于创新／创业、战略领导力和企业管理。赖默尔博士在柏林工业大学获得博士学位，并在技术与创新管理研究所担任研究助理（2008—2011 年）。2012—2014年，她成为位于德国法伦达尔的奥拓贝森管理研究院控制与管理中心的成员，并参与了以会计管理和创新为主题的项目。

汉斯·乔治·戈姆登（Hans Georg Gemünden），博士，2000—2015年在柏林工业大学担任技术与创新管理主席，现任挪威商学院项目管理教授。他在技术与创新管理、企业管理、组织、营销、人力资源管理和会计等领域出版了多本书籍并发表了大量文章。戈姆登教授目前感兴趣的具体领域是激进式创新和创新网络、服务创新，特别是在远程医疗、创业和战略项目管理领域，并且对新兴市场很有研究。

第5章 专业服务的新服务开发：时间成为最稀缺资源

弗洛杰·柏林登巴克-德莱森（Floortje Blindenbach-Driessen）

美国弗吉尼亚州泰森角创新有限责任公司

引言

专业服务组织（如律师事务所、医院或顾问企业）的主要资产是一群受过高等教育的专业人士，他们提供的是无形的服务，其中包含复杂的知识。这些组织与制造企业明显不同，它们的组织架构、员工构成和决策机制都是不同的。这些组织最有价值的资产就是由专业人士组成的智囊团。在企业每天的运转中和创新工作中，他们扮演的都是关键角色，他们的时间投入就是稀缺资源，这种资源对于新服务开发的管理和组织有重大的影响。

5.1 在专业服务领域创新的独特性

时间承诺是主要约束

理论上，开发新产品和开发新服务应该没什么大差别。很难说出两者间的差异，而且从创意到实施的流程也是相似的。然而，在实际操作中，两者的差异是极大的。在本章，我会讨论专业服务组织面临的一个特有的创新约束，即时间投入。因此专业服务组织需要用不同的方法组织并执行创新流程，这和本书第 1 章所描述的标准方法是不同的。尤其是，专业服务组织需要一个创新支持职能部门。

对于开发新服务的需求

如果企业想有所发展，它必须既要关注现有的业务又要为客户未来的需求做好准备。对于绝大多数企业来说，平衡二者是很有挑战性的，很多平衡行动最终都失败了，这也解释了为什么很少有企业能在世界 500 强名单上存在超过 20 年。

与之相反的是，美国排名前 100 的律师事务所绝大多数已经存在超过一个世纪了。会计行业的四大会计师事务所也有超过百年的历史。除了极少数声名狼藉的企业（如安达信会计师事务所、杜威路博国际律师事务所），专业的服务企业在过去往往是稳定的标志。如今这些企业的未来受到了科技发展带来的改变的威胁。

第一次、第二次、第三次工业革命分别是由蒸汽机、电力和信息系统引发的，这些并没有为专业服务带来太大的改变。计算机把记录电子化，这使专业人士的生活更简单了，然而计算机并没有为这些专业人士和客户互动的方式带来很大的改变，但目前这种情况改变了。（瑞士达沃斯）世界经济论坛已经把目前这个时代定义为第四次工业革命了。这次工业革命是由人工智能和互联互通引发的。第四次工业革命正在瓦解传统专业服务行业。举个例子，现在的远程医疗可以使患者监控自己的健康情况，然后对症下药，并且可以和全球任何一个地方的专家互动。简而言之，目前的科技不仅使客户越来越专业，而且还改变了专业人士和客户互动的方式。

各行业都希望改善和应用创新模型，这给专业服务企业带来了越来越多的压力。在医疗行业中，相关规定改变了，而且还需要以更低的成本提供更好的服务，这些就是驱动医疗行业改革的主要动力。会计和金融服务企业面临科技企业带来的挑战，它们可以提供更快、更好且更便宜的服务给客户。在面对需要越来越多改变的情况下，专业服务企业苦苦挣扎，采取更有效、更高效的手段去开发新的服务来应对这些挑战和机遇。正如麦肯锡公司董事长多米尼克・巴顿（Dominic Barton）所说："我认为我们非常善于告诉我们的客户他们应该做什么，应该吃什么药。我们自己却不会接受这一套。"

专业人士在创新流程中扮演的关键角色

在专业服务中，新服务开发的成功取决于专业人士参与和引领创新的努力程度。一些研究已经证明，专业人士扮演了创新倡导者（也称为创新项目驱动者）这一关键角色。如此这么说主要有三个原因（见图 5.1）。

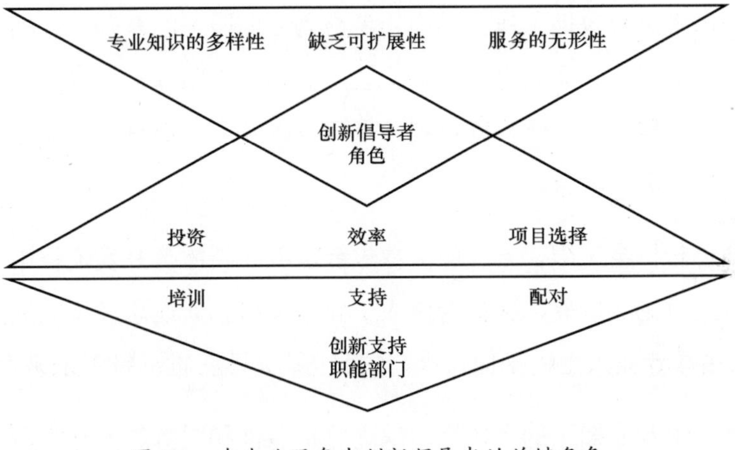

图 5.1　在专业服务中创新倡导者的关键角色

专业知识的多样性

专业服务组织由高级专业人士组成。由于新服务开发需要深厚的专业知识，组织几乎不可能为独立、专门的创新部门配备足够的人员。考虑到服务专业人士的高昂成本、不断更新的和最新的专业知识需求（从专业实践中形成），以及需要涵盖的专业领域的广度和深度，很难选出专门的创新部门员工。

缺乏可扩展性

大部分专业人士只服务少量的客户。因此，投资一项新服务获得高额回报颇具挑战性。降低开发项目的成本显得尤为重要。因为工时通常是新服务开发项目的最大成本，所以及时、有效地执行开发项目非常重要，要最大限度降低总投资，并确保在可扩展性有限的情况下仍然能够获得回报。

服务的无形性

专业人士用复杂的专业知识提供无形的服务。因为很难将抽象的知识传授给别人，所以专业人士自己识别、开发和实施新服务就成了关键。

当然，供应商在专业服务组织的创新流程中扮演着重要角色。他们的产品使解决方案提供者更有效地工作。然而，考虑到专业服务的复杂性，即使预先策划好的创新解决方案，专业人士仍需将这些产品和技术融入他们的实践中，并应用到他们的工作流程中。因此，即使技术是可以购买的，仍需要专业人士花时间将其转变为客户所需的服务。

总之，创新机会无限，专业服务提供者需要在新服务开发流程中发挥关键作用。鉴于上文讨论的挑战，服务专业人士要突破将创新理念付诸实践的约束。简单地说，大多数专业人士忙于应付当前的服务，无暇去推动针对未来发展的服务。

换言之，由专业知识的多样性、缺乏可扩展性和服务的无形性所构成的组织环境给创新倡导者带来了自上而下的压力。要改变专业服务组织的游戏规则，他们必须做好准备（见图 5.1）。

5.2 理解时间是专业服务创新的约束

投入新服务开发的时间不会产生直接收益，却会增加机会成本。正因为如此，许多专业服务的创新倡导者面临着巨大压力，他们必须专注于新服务开发，同时，要在日常运营中保持高效的输出，以弥补投入新服务开发的时间。这种情况显然是难以维持的。

在新产品开发著作中提及的时间，通常是指上市时间，即组织将创意付诸实践的速度。在本章中，时间约束与专业人士投入开发活动的有限时间息息相关。

不可否认，无论在何地，时间都是稀缺的资源，而投入开发新服务活动的时间不能产生即时收益。但是，时间投入在专业服务中发出了特殊挑战，因为需要考虑机会成本。产生的效益和所花的时间是大多数专业人士的关键绩效指标。虽然时间就是金钱，但就时间和预算分配的决策而言，专业服务业与制造业截然不同。拥有预算决定权的责任人做出自上而下的决定，去优化有限的可用资金。优化稀缺的可用时间则是由个人做出的自下而上的决定，尤其是在个人对自己的行为拥有自主权的专业服务中。

为了突破时间约束，本章着手解决三个密切关联的问题。

1. 投资。如何激励忙碌的专业人士担任双重角色，投入时间后能成功且持续地获得当前和未来收益。

2. 效率。如何在专业服务组织中以最高效、及时的方式开发新服务。

3. 项目选择。如何确保专业人士专注于最有前景的项目，及时地放弃没有前景的项目，与组织的战略保持一致。

换句话说，当投资、效率和项目选择处置失当时，创新倡导者将面临自下而上的巨大压力（见图 5.1）。

投资

矛盾的是，为了缓解时间投入的约束，忙碌的专业人士不得不投入时间自己开发新服务。只有当证实了投入时间的确有回报时，专业人士才会着手新服务开发。也就是说，对于创新倡导者和组织而言，只有付出努力和承担风险才能获取回报。

从历史角度看，专业人士着手研究或开发工作无论是从整体上（如研究论文的发布）还是从个体上（如个人发展和声誉的提高）都能获益。这些研究项目获得多种渠道的资金支持，而且没有要求明确的回报。然而，新服务开发旨在通过向客户提供更高价值的服务来推动组织的发展。这反过来又造成了风险与回报平衡从个人向组织的转变。

FISHstep 案例展示了一位法律服务专业人士如何成功地推出一项新服务。该案例表明新服务的成功推出需要承担相当大的个人风险，并且需要投入大量的个人时间。

FISHstep 案例

菲利斯·克里斯塔尔（Phyllis Kristal），斐锐律师事务所（Fish Richardson P.C.）负责人，开发了 FISHstep 项目，该项目旨在帮助初创企业准备并提交专利申请，并以换取股权的方式允许对方延期付款。是什么促使克里斯塔尔开发了 FISHstep 项目？经过多年的努力，克里斯塔尔实现了她的雄心壮志，成了负责人。然后她想："接下来要做什么呢?"克里斯塔尔思考这个问题越久，她就越确信是时候改变自己的商业模式了。有太多的企业家需要她的帮助，却负担不起聘请她的费用。

随着与华盛顿特区当地企业家团体的接触，她证实了自己的猜想。初创企业的确非常需要与知识产权有关的法律咨询。根据专利的复杂程度，律师费一般为 1 万～10 万美元，国际专利的价格会更高。由于大多数初创企业资金紧张，获得知识产权保护成为渴望发展的初创企业家望而却步的障碍。

最初，克里斯塔尔提出解决当地资金短缺的初创企业需求的建议时，她的上司并不太上心，但也没有阻止她探索这个可能性的步伐。

经过克里斯塔尔一年多的探索，FISHstep 项目启动了。她承认自己从未想过这项服务会演变成如今的形式。这项提案保留了它的初衷，那就是帮助资金短缺的企业家保护他们的知识产权，同时为斐锐律师事务所创造了新的收入来源。

显然，克里斯塔尔是 FISHstep 项目的幕后推动者。但在这后面的人部分工作，尤其是在提案阶段，都是在她的专业服务时间之外进行的。换句话说，克里斯塔尔投入了大量的私人时间，而企业无法衡量这些时间，因而也无法支付任何费用。

克里斯塔尔花了很长时间来熟悉如何为该项目撰写商业论证书。她担任领导职位的时间还不够长，也不具备丰富的运营律师事务所业务和管理方面的经验。如果能接受这些方面的培训和指导，她就可以节省很多时间。

尽管克里斯塔尔成功了，但很少有组织会考虑到大多数创新服务项目都会以失败告终，并且无法带来实质性的成果。单纯鼓励专业人士参与到新服务开发项目中难以激励他们投入个人时间。

失败——或者更准确地说“寻找行不通的路”——是创新流程的内在组成部分。很少有组织能很好地应对明显的失败。失败通常被归咎于团队，或者更具体地说是团队领导者。这是有问题的。

首先，把失败归咎于个人会让员工认为参与创新是在冒更大的风险。毕竟，创新成功的机会很小。如果把失败归咎于创新者个人，结果则不利于个人职业发展。他们会认为，在创新中投入时间对个人职业生涯发展而言是灾难而不是机会。

其次，领导创新工作的个人因素之外的力量也会影响项目的结果。比如，市场或技术可能还没有准备好，或者所需的问题—收益平衡可能不存在。换句话说，经常有一些不可控的问题。因此，如果一个团队能够迅速意识到某个机会是不值得投入时间去开发的，那么这种放弃也是团队明智的表现，因为这将节省组织的时间和金钱，同时可以让组织投资其他更有前景的项目。

综上所述，为了激励专业人士去承担双重角色，并在日常运营和创新活动中投入时间，他们需要在执行创新项目时得到帮助，以确保从创新活动的投入中获得回报。由于时间有限，投入新服务开发的时间更应好好利用，以增加项目成功的可能性。鉴于大部分首创项目都以失败告终，单纯的鼓励参与机制是不够的。如果在筹备阶段中有太多的方案可选择，很大程度上所有的工作都不能成功。相反，激励机制的目的应该是让专业人士在服务开发中遵循最佳实践原则。最佳实践包括高效执行，帮助识别和中止没有前景的项目，只推进最有前景的项目。在本章的最后，我将讨论如何通过调整创新支持职能部门来实现这点。

效率

为创新活动建立有效的机制对于确保高效执行项目是至关重要的。特立独行的创新方式，尽管在专业服务业中仍然很常见，却不是一种有效和高效的创新方式。

考虑到其他因素，我们需要将合适的创新结构化，以确保最稀缺的资源——服务专业人士投入的时间——可以被合理地使用，并产生实际效益。这不是既定的，因为时间投入的决策是由个人而不是组织做出的。如果没有大致的总体结构，就没有办法确保总和大于其各部分。

建立一个合适的创新结构，其重要性在医疗卫生领域得到了充分体现。一项针对 121 家医疗保健提供者（包括 83 家医院）的调查显示，39%的参与者表示组织没有创新基础设施，只有 12%的人表示有专门的创新实验室。鉴于目前越来越多的医疗卫生行业的难题涌现，以及不断增加的医疗需求，卫生保健组织现有的结构化的新服务开发流程数量之少，实在令人意外。

有个由来已久的说法，认为构建结构化的创新流程（如新服务开发）会限制创造力，因此结构化方法普遍缺失。由于专业人士惯于定义和遵循自己的流程，因此让他们遵循结构化的创新流程可能具有挑战性。或者说，将结构化引入流程被认为是代价很大的。不管原因是什么，采用结构化方法是将创意付诸实践的更有效和更高效的方法。

乔治华盛顿大学的远程医疗暑期课程案例说明了结构化和辅导是如何以一种简单而有效的方式帮助推进新服务开发的。项目参与者（所有全职工作人员）在六周内提出建议和可测试的概念创意。每个参与者平均每周花 3 小时在这个项目上。相比之下，在大多数专业服务组织中，将创意实践到管理环节上需要 6～8 个月，而制定一个详细的方案则需要 40～80 小时。换句话说，通过使用结构化的方法，可以在更短的时间内完成更多的工作，并获得更好的成果。

乔治华盛顿大学远程医疗暑期课程

2016 年 7 月，在网络服务培训和支持平台的帮助下，14 名参与者开展了为期 6 周的远程医疗暑期课程的网络创新活动。参与者都是忙碌的专业人士，其中 4 个是临床实习医生。

在第一个任务中，参与者进行了一次头脑风暴，每个人必须提交 10 个以上关于远程医疗的创意。这个任务不到 10 分钟就完成了。然后，参与者根据预先确定的远程医疗需求启动项目。用软件将每个项目与有相似创意或可能感兴趣的队员进行配对。

项目启动和成员组队工作用时仅一周。在此期间，6 个项目启动了，14 名参与者共收到了 36 份邀请。因此，大多数参与者有多个可选项目。在一周内，每个人都加入了一个团队，每个团队都至少由三个不同背景的团队成员组成（工程、医疗保健、医疗政策和管理）。这些多元化团队后来被几个参与者称为“史上最好团队”。

在接下来的五周，参与者每周都会接受涉及不同主题的任务，从最终用户、利益相关者、价值观到商业模式及其他等。培训模块会逐一解释这些主题。这些任务使得团队将创意应用到他们的项目当中，识别不确定性，以及证实他们的猜想。同时，这些任务形成了团队方案的核心。由于主题是以互补的方式教授的，因此每个团队都能够提出一个可测试的新服务概念。

在线学习系统每周的进度报告和教练的反馈使团队专注于工作状态。进度报告使团队和教练能够确定需要加强的相对薄弱的领域。课程结束时，团队提出了四个可测试的概念，每个概念都基于大量数据支持。

简化构思过程节省了参与者的时间。协调一致的任务和积极的团队成员帮助团队在创新工作中取得成功。

该案例显示，通过提供结构化方法、培训和指导，可以在新的服务开发过程中指导忙碌的专业人士，并帮助他们在创新工作中发挥有效作用。

培训、支持和配对，作为系统的一部分，教会了团队如何产生创意、审查创意并验证他们的解决方案。结构化方法——实践，使团队能够专注于最有意义的主题；反馈使最薄弱和最不确定的方面的工作成为当务之急；方法论使团队为其新服务概念的假设提供论证，确保时间没有浪费。结果，所有的专业人士都能够将创意活动与全职工作结合起来。

其中两个团队意识到花费在创意上的时间一旦超过 6 周，再花费更多的时间都是徒劳的。一项研究表明，团队如果有机会评估整个过程和成功的概率，就能及时止损，中止徒劳无功的工作。

如果没有结构化方法，人们很难深刻认识到阻碍创新项目过程的约束，原因如下：（1）因为这些组织没能持续跟进，所以它们没有数据来识别和解决创新流程中的低效问题；（2）如果缺乏结构化，组织就无法识别失败模式或找出原因。有一个例子很能说明这个问题：在一个企业的内部项目中，所有团队都在项目上摇摆不定，将近一年时间。与此同时，大部分团队领导都离开了企业，每个人都有自己的离职理由，但理由都与项目无关（例如，跟随伴侣回祖国工作，有更好的工作机会，等等）。但是，因为我一直在指导团队，我知道该组织的知识产权政策极大地阻碍了团队吸引合作方和外部资金的能力。因此，有前景的项目陷入了困境。鉴于他们的雄心壮志，这些有才华的创新者不会坐以待毙，把时间浪费在一个不会真正支持他们创新工作的组织里。如果他们的项目没有停滞，或许他们会做出截然不同的个人和职业选择。在无法取得成功的情况下，该企业取消了这个内部项目，但未能解决参与团队军心动摇的问题。

创新支持职能部门将在后文中阐述，这是一个有效且低成本的解决方案，可以在专业服务组织中高效地推动新服务开发。

项目选择

为了支持一系列新服务开发方案，需要进行严格的审查，只有最有前景的项目才能得到全力支持。在任何组织，用公正和客观的方式决定最有前景的项目都是一个重大挑战，特别是在专业服务组织里，因为此类组织通常是扁平结构，而且专业领域的数量与领导者的数量都多。

这些组织如何验证和审查项目，以确保用于创新的稀缺资源只投在最有前景的项目上？创新研究所的案例说明了在专业服务组织中，项目选择是多么具有挑战性。

创新研究所

一家医院获得了一大笔资金用于提高儿童患者的手术成功率，医院用这笔资金建立了一个新的创新研究所。

当医院宣布了这个新方案时，各个针对该项目的提案纷至沓来。虽然这笔资金看似雄厚，但要支持所有人的项目简直是天方夜谭。该研究所制定的战略方针是否足以有效地选择优秀的项目并剔除平庸的提案？

研究所的负责人是 5 名内科医生，他们在某个周五早上召开了会议，审查这些提交上来的提案。显然，每个团队都对自己的提案书投入了大量的时间和心血。

因此，这 5 名负责人需要审查 40 个提案，而每个提案至少有 10 页并夹带许多页附件。平均下来，每个战略目标都对应 10 个提案，每个研究员对应两个项目。即使新聘用的研究员都提交了一个提案，他提出了通过活检肿瘤来治疗脑癌的方法。

这 5 名负责人相顾无言。他们每个人至少看了 16 个提案，而所有提案都可以说是质量上乘。他们深知，从这 40 个提案中挑选项目来进行资助是十分困难的。

这些项目涵盖了麻醉、活检、癌症诊断、兼容磁共振成像的设备、使用 DNA 测序进行个性化治疗和疼痛管理程序等领域。虽然这些委员会成员能够当选是因其具有丰富的专业知识，但没有一个敢夸下海口说他们具备足够广的知识面，能够评估在他们面前的这些机会。

每个提案都来自医院在该领域的专家。除了方法上的明显缺陷，委员会成员能在提案中对这些专家提出什么问题呢？

更糟糕的是，如果不资助这些项目，意味着这些研究员就失去了可以维持其研究工作的资金。失去了组织的资助，这些研究员就必须回到临床工作中，这和他们的预期背道而驰，因为是医院提供的研究机会才吸引他们进入该医院的。

然而，这些提案的总费用比年度预算高出近两倍。

经过长时间的讨论，委员会决定资助 40 个项目中的 25 个。延长脑癌儿童寿命的项目和改善成千上万名麻醉儿童术后状况的项目，无法说哪个项目更好。所有这些项目的出发点都是改善儿童患者的手术状况。

为了使可用资金与支持这 25 个项目所需的资金相一致，所有研究员都被要求以最少的投入获取最大的收益。这种做法持续了数年，直到研究所的资金告罄，没有资金再支持任何一个项目。结果呢？历时 5 年，没有任何一个项目获得实质性的进步。唯一的成果就是发表了一些论文和获得了一些奖项——这些奖项促进了行业和个人的职业发展。然而，这对于医院和病人来说，没有任何实质性的帮助。没有一个团队获得足够的资金支持将创意落实到实践中，更不用说为医院创收了。

创新研究所的案例表明，如果因为没有有效的方法选择项目而同时运行多个项目，会使参与者在新服务开发流程中举步维艰。任何一个项目都会因为没有足够的资金而一无所成。

在大多数组织中，遴选委员会有权力和能力选择创新项目和给创新项目划分优先级。然而，鉴于专业知识的多样性和服务的无形性，即使最多才多艺或最高级的专业人士，也无法审查组织中所有专家的专业知识，也不具备对该领域所有项目的洞察力。此外，即使遴选委员会对资金的分配具有话语权，他们也没有权力指示专业人士怎么去分配他们的时间。

前文提及的远程医疗暑期课程的创新表明，团队可以及时停止徒劳无功的工作。在这里，“及时”是指不要提早打退堂鼓或纠结太久。由于涉及机会成本，及时终止没有前景的项目才符合创新倡导者的利益。显然，停止徒劳无功的工作对于预防创新的停滞很重要。把资金集中投放到几个最有前景的项目中，这些项目就可以得到充分的支持并迅速实施。然而，正如远程医疗暑期课程案例所述，简单依靠自我选择是不够的。后文将讨论创新支持职能部门如何进一步促进项目选择。

5.3　在专业服务中解决时间约束：创新支持职能部门

在解决了三个相关联的问题，即投资、效率及项目选择之后，是时候提出一个解决方案，以突破专业服务组织中的时间约束了。

在新产品开发标准方法里（见图 5.2），管理部门负责制定战略。创新部门负责识别机会和开发组织创新活动，以便更好地执行战略。创新部门还负责管理正在进行的创新项目的数量、引入市场的新服务的数量，以及实现这些新服务在收入和利润方面的成功。市场开拓和市场贡献通常是推出这些新服务的业务部门和创新部门共同承担的责任。换言之，创新部门执行整个创新流程，并拥有将创意转化为实际应用所需的预算、人员、能力和专业知识。毋庸置疑，建立这样一个创新部门是一项成本极高的工作，其中包括员工成本及其他等。随着时间的推移，创新工作的成果应创造足够的回报，以支付这些成本。

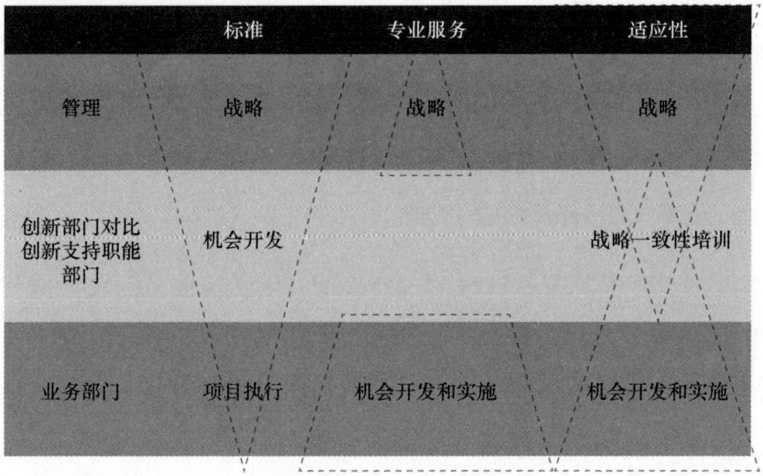

图 5.2　标准方法对比适应性方法

在专业服务组织中，管理部门也负责战略部署。然而，执行战略的标准模型并不奏效，因为在一般的专业服务组织中，拥有一个创新部门并不像在制造企业中那样可以产生更多的收入。这一结果可能解释了为什么很少有服务组织拥有创新或研发部门。

如果没有创新部门，识别机会并对其采取行动就成了业务部门或专业人士的工作。如果不对任何开发活动问责，管理的战略意图与由专业人士发起并在整个组织中进行的新服务开发活动之间就会出现空白区。这就是克里斯塔尔开发

FISHstep 项目时遇到的情况。

这里提出的标准创新流程模型应包括以下内容：与其由创新部门代表组织执行创新活动或没有这样的部门，不如由专业服务组织建立一个创新支持职能部门，负责提供支持，因为创新活动由专业人士执行，如前文所述，这是获得成功的关键。

为了确保这些创新倡导者可以高效地开发新服务，创新支持职能部门应提供培训和指导。如远程医疗暑期课程的创新表明，这种培训还有助于项目选择，并有效地终止最没有前景的项目。

现在，我们对创新支持职能部门的职责与传统创新部门的职责进行比较。创新支持职能部门不负责执行，而是对所教授的课程、从事的专业人士数量、项目成活率或失败项目负责。那些衡量培训项目绩效的指标能够真正地跟踪新服务开发工作的有效性和效率。也就是说，培训项目是否为团队提供了足够的洞察力来评估他们正在进行的项目的价值和成功概率？它是否下达明确的执行/不执行指令，使团队专注于关键活动？通过评估自我选择和项目平均时长方面的培训项目的结果，创新支持职能部门可以支持和负责保留专业服务组织中最稀缺的资源，即对新服务开发活动的专业时间投入。

缓解时间约束

为了确保创新成功，专业服务组织需要让忙碌的专业人士参与到创新流程中。让别人代表这些专业人士进行创新是没有用处的，因为专业服务是复杂的、劳动密集型的，同时涵盖了隐性知识和专业知识。将最先进的前沿知识和专业知识转移到创新部门，让创新专业人士开发新服务是一项艰巨任务。专业服务通常无法大范围开展，因为它们高度依赖服务提供者。出于这些考虑，让员工参与到新服务开发活动中比让专门的创新部门开展这些活动更具可行性，也更节约成本。然而，这种参与对作为创新倡导者的专业人士的预计完成时间会有很大限制。

不熟练或对创新活动不熟悉的专业人士在创新任务中需要得到支持。他们需要评估哪些机会值得投入个人时间。为组织中所有的创新工作都提供支持是不可行的，也无法持续。因此，需要做出某种形式的选择。在创新流程投入大量资金并不能解决所有问题，因为除去其他原因，还有前文提到的专业服务范围会受到限制，使获取这些投资的收益变得非常具有挑战性。

为了减轻时间约束的负担，并促进新服务开发项目的高效执行，创新支持职能部门必须通过协同和培训，为新服务开发流程创建架构：

- 指导可以做哪些项目。
- 引导团队获得洞察力，使团队能够从相对不是很有前景的工作中进行自我选择。
- 获得可执行的数据，使管理部门能够识别并优先执行最有前景的项目。

准备开始

创新支持职能部门使专业服务组织能够发掘许多机会，但在新服务开发流程中，只有极少数通过全面审查的项目得以幸存，进入更昂贵、更耗时的开发和实施阶段。

以下五个步骤将帮助专业服务组织建立其创新支持职能部门（见图 5.3）。

步骤一：与专业人士一起阐明组织战略目标。

当管理部门与业务部门共同阐明组织战略目标时，新服务开发项目的目标就变得清晰了。这种清晰有助于专业人士知道他们应该把时间投入哪些项目中。同时，阐明战略目标有利于项目选择，因为它指导专业人士应该关注哪些领域。一家律师事务所不应该同时对 100 个合伙人执行的涵盖 100 个不同领域的 100 个项目感兴趣。相反，对于企业及其客户来说，推动创新朝着相同的目标前进更具有价值，如做提供“英国脱欧”服务的领军者。因为企业专注于创新，有兴趣的合伙人可以一起想办法如何更好地帮助那些与英国脱欧问题有纷争的客户。如果成功的话，就会对所有合伙人都有好处，包括那些没有参与该项目的合伙人，因为新服务会带来新的客户，使组织能够留住顶尖人才，并提高整个组织的创新能力。

准备开始	创新支持职能部门的角色	对时间约束事项的影响
1. 与专业人士一起阐明组织战略目标（管理部门和业务部门）	匹配	投资、项目选择
2. 建立创新支持职能部门，支持新服务开发流程（创新支持职能部门）	培训、支持、匹配	投资、效率
3. 制定专业人士将创意付诸实践所需遵循的流程（创新支持职能部门）	培训、支持、匹配	效率、项目选择
4. 追踪新服务开发活动的绩效（创新支持职能部门）	支持、匹配	投资、项目选择
5. 激励所期望的行为（管理部门和业务部门）	匹配	投资

图 5.3　建立创新支持职能部门的步骤

从科尔纳基和西尔维辛与医院的合作可以明显看出，“告诉”专业人士应该开发什么通常没有什么用。相反，让医务人员和管理部门一起制定战略任务能让他们合作无间。

创新支持职能部门的作用是通过组织战略协调研讨会等方式，协助推进战略目标的制定。另一个作用是确保所有的创新倡导者都知道这些战略目标，并且能够阐明他们的项目如何有助于实现这些目标。

步骤二：建立创新支持职能部门，支持新服务开发流程。

一旦确定了战略目标，很明显组织中需要有人协同安排实现这些目标的进程。如前文所述，创新支持职能部门不应该执行创新活动。相反，它应该着重于构建一致性，提供支持，提供必要的培训，使员工能够创新，并报告新服务开发活动的进展。

在这方面，专业服务组织可以从创业者群体中学到很多东西。没有人告诉这些创业者要进入还是退出他们的初创企业，也没有人告诉他们要投入多少个人时间。内在动机驱动着他们的行为。像“创新企业”这样的培训项目，为初出茅庐的创业者提供了工作中必需的洞察力，使他们将创意转换为创业。如果这些加速器可以为初创企业提供培训、联系和创业支持，那么初创企业在上市时间选择和盈利方面的表现会更好。创新支持职能部门应发挥像加速器一样的作用，并在专业服务组织内部促进新服务开发流程。

因此，创新支持职能部门实际上为新服务开发流程提供支持功能。

步骤三：制定专业人士将创意付诸实践所需遵循的流程。

创新的流程——从创意生成、开发、实施到传播是一个价值链，其中最薄弱的环节决定了整体的结果。换句话说，如果组织善于生成创意，但在执行环节上很薄弱，那么，没有执行力，再出色的创意也不会给组织带来效益。

为了节省时间，专业人士需要知道遵循什么流程，以及当他们将创意转化为实践时有什么期望。远程医疗暑期课程的案例说明了如何利用培训构建企业运转架构，进而有效地推进新服务开发活动。这个案例还表明，在培训项目中建立反馈机制，使团队能够识别并甄选出机会，这些机会对他们和整个组织来说都是值得投资的。

创新支持职能部门不仅负责创新流程的构建、支持、指导和监督，还负责培训参与这一流程的人员，并提供指导和其他支持以推进有前景的项目。与此责任相符的任务是识别和突破组织的约束，这些约束阻碍创新项目的进展，并可能导致专业人士在新服务开发上浪费时间。

步骤四：追踪新服务开发活动的绩效。

新服务开发活动是为了维持专业服务组织未来的收入流和盈利能力。创新支持职能部门应制定考核指标，以显示组织是否步入正轨。也就是说，指标应该表明正在进行的项目能否使组织达到其战略目标。因为创新支持职能部门不参与执行新服务项目，所以它不能为单个项目的成功负责。

更适合用于追踪的指标应确保以下条件：

- 启动足够多的项目；
- 及时停止不成功的项目；
- 全面支持项目迅速执行；
- 创新活动的组合战略是可持续的，并且使组织能够实现其战略目标。

对项目进度、工作质量和团队工作的反馈将使团队能够比较众多项目，并针对大量项目调整人员合作。这种反馈，如远程医疗暑期课程的创新案例，使得团队能够在有限的成功概率下，及时地自我选择和筛选掉平庸的创新工作。

然而，仅仅依靠自我选择是不够的。高级管理人员仍然需要在优秀项目和极好的项目中进行挑选，并选择与组织战略目标相一致的战略组合。通过跟踪团队进度、团队工作和团队学习，可以将各个团队进行比较，并确定最有可能成功的团队。这些客观的指标使管理层能够做出以证据为基础、由数据驱动的决策，而不是对潜在的好创意和项目泛泛而谈。

步骤五：激励所期望的行为。

新服务开发尽管很重要，但不像专业人士从事的日常活动那样紧急。如果没有激励，专业人士会推迟甚至忘记在新服务开发活动中投入时间。有了流程、指标和创新支持职能部门，激励措施就可以被用来激发期望的行为。这些激励措施应该旨在实现下列目标：

- 鼓励将个人时间投入创新项目中。
- 鼓励创新活动与组织的战略保持一致。
- 保证及时放弃那些没有希望的努力，因为放弃失败和追求成功同样重要。
- 从各种尝试中吸取经验教训，因为这些往往是未来成功的温床。
- 确保项目在得到支持时能尽快执行。
- 促进与组织内其他人共享成功案例的成果，以确保每次成功的创新努力都为组织带来最大的投资回报，并为整个组织创造利益，而不仅仅是为相关专业人士。
- 将获取新服务开发项目的支持作为一种特权，只授予最有才华和最敬业的团队。

通过这五个步骤，专业服务组织应该能够建立创新支持职能部门，缓解参与创新流程中专业人士的时间压力。成功的结果激励专业人士参与创新；培训和支持使创新成为可能；结构化的流程创造了一致性并提升了效率。当选择和支持最有可能成功的新服务开发项目团队时，这些步骤能够帮助团队进行自我选择，并且使决策有理有据。这样，即使专业服务组织——专业知识的多样性、缺乏可扩展性，以及服务的无形性——也能够以可持续和盈利的方式将其创意付诸实践。

有了创新支持职能部门，专业服务组织也可以开始实现更大胆的目标。下一步可能是推出低端服务产品，如 Legal Zoom（在线法律服务组织）、Littler（数据平台）和 Minute Clinics（医疗保健组织）目前已从中获利。低端（产品）代表了一个巨大的市场份额，如果当今领先的专业服务供应商不能创新和开发新的服务产品，它们将永远失去这一市场份额。

5.4 结论

专业服务组织的主要资产是专业人士。他们的时间投入是这些组织最稀缺的资源。为了创新，专业服务组织将不得不投入时间致力于创造新收入和满足未来客户需求的活动。这些创新项目需要专业人士的支持才能取得成功。代表服务专业人士执行项目的创新部门无法实现预期的结果，因为缺乏服务专业人士的关键洞察力，如专业知识的多样性、对抽象性的充分理解，以及对服务专业人士所遇困难的程度的认知。也就是说，创新部门可以提出创新项目的解决方案，但研究表明，这些解决方案不会带来新的收入或额外的利润。因此，创新支持职能部门是一种更有效的方式，能帮助创新倡导者发挥其双重作用——服务于当前和将来的客户。创新支持职能部门可以确保创新项目是值得投资的——从个人和组织的角度来看都是如此；创新流程本身是有效的并能带来成果；绩效数据可以用来选择最有前景的创新项目并确定优先顺序。这样，专业服务组织最稀缺的资源——专业人士的时间投入——只投资于最有前景的项目，并在创新和新服务开发方面提供最大的回报。

【参考书目】

Anand, N., Gardner, H. K., and Morris, T. (2007). Knowledge-based innovation: Emergence and embedding of new practice areas in management consulting firms. *Academy of Management Journal* 50 (2): 406–428.

Barczak, G., Griffin, A., and Kahn, K. B. (2009). Perspective: Trends and drivers of success in NPD practices: Results of the 2003 PDMA best practices study. *Journal of Product Innovation Management* 26 (1): 3–23.

Blindenbach-Driessen, F. and Van den Ende, J (2006). Innovation in project-based firms: The context dependency of success factors. *Research Policy* 35: 545–561.

Blindenbach-Driessen, F. and Van Den Ende, J. (2010). Innovation management practices compared: The example of project-based firms. *Journal of Product Innovation Management* 27 (5): 705–724.

Blindenbach-Driessen, F. and Van Den Ende, J. (2014). The locus of innovation: The effect of a separate innovation unit on exploration, exploitation, and ambidexterity in manufacturing and service firms. *Journal of Product Innovation Management* 31 (5): 1089–1105.

Knowledge@Wharton. http://knowledge.wharton.upenn.edu/article/mckinseys-dominic-barton-on-leadership-and-his-three-tries-to-make-partner, September 9, 2015.

Kornacki, M. J. and Silversin, J (2015). *Aligning physician-organization expectations to transform ptient care*. Chicago, IL: Foundation of the American College of Healthcare Executives.

Leiponen, A. (2006). Managing knowledge for innovation: The case of business-to-business services. *Journal of Product Innovation Management* 23: 238–258.

Trimble, C. et al. (2015). Managing innovation in healthcare organizations. Institute for Healthcare Improvement, 27th Annual National Forum, 6–9 December 2015, Orlando, FL, Sessions D6 and E6.

Von Nordenflycht, A. (2010). What is a professional service firm? Toward a theory and taxonomy of knowledge-intensive firms. *Academy of Management Review* 35 (1): 155–174.

【作者简介】

弗洛杰·柏林登巴克-德莱森（Floortje Blindenbach-Driessen），博士，Organizing4Innovation有限责任公司创始人，该公司提供专业服务组织在创新活动中成功所需的支持和工具。她协助工程企业、系统集成商、信息技术企业、咨询企业、律师事务所、研究中心、医疗保健组织和创业项目的专业人士进行创新工作。柏林登巴克-德莱森博士在为华盛顿特区的儿童国家卫生系统工作期间，支持了许多创新项目。她为全球的高管教育项目教授与创新管理和新业务发展相关的课程。她的研究集中在专业服务领域的创新挑战和机遇上，研究成果发表在《研究政策》《电气和电子工程师协会工程管理学报》《医学实践管理》《产品创新管理》等期刊上。

第 6 章 在虚拟团队中架起沟通的桥梁

多诺万·哈登布鲁克（Donovan Hardenbrook）

美国伊利诺伊州芝加哥利特公司

特蕾莎·尤金斯·科瓦尔（Teresa Jurgens-Kowal）

美国得克萨斯州全球新产品解决方案有限责任公司

引言

新产品开发项目一般由集中办公的团队负责，他们可以较容易地沟通并共享知识和信息。精益原则随时间推移不断发展，用来减少浪费，如表 6.1 所示，对于新产品开发来说，精益原则可以被用来创建可再次使用的知识。

表 6.1 标准新产品开发和精益新产品开发的比较

组织结构	标准新产品开发	精益新产品开发
环境	稳定的环境	不确定的环境
	长周期时间	缩短周期时间
实践	逐步改进产品	以客户为中心进行持续改进
	多次迭代	流程中减少浪费
团队和领导力	集中办公团队	虚拟团队
	专业技能型（I 型人才）	通用 / 专业技能型（T 型人才）

续表

组织结构	标准新产品开发	精益新产品开发
团队和领导力	有限的工作时间	随时随地可以联系
结果	开发成本高	低成本产品开发
	具体的项目数据	可重复使用和可共享的知识

如果不考虑地理位置的影响，精益新产品开发通常使用最好的资源，在生成新颖、可重复使用、可转换的知识过程中不断优化产品开发周期。然而，对于虚拟团队[①]来说，获得非书面记录的知识有相当的难度。这样一来就会减少团队成员为组织带来的利益，特别是那些在各个领域颇有建树的团队成员，他们独到的全球视角为团队工作做出了许多贡献。最重要的是，因为虚拟团队中的成员在不同的地理位置甚至在不同的时区办公，对他们来说，面对面的日常沟通是一个巨大的挑战。

企业可以利用全球资产的优势，如关于客户、市场和技术的可重复使用和可重复的知识，来缩短开发的长周期，降低开发的高成本。利用精益新产品开发的概念来增进虚拟团队之间的沟通，可以提升创新数量和质量。本章重点在于解决困扰虚拟团队的内在沟通问题，这些问题整体上降低了团队的效率。我们描述了一个包含五个关键因素的虚拟团队模型（Virtual Team Model，VTM），该模型可以让虚拟团队从创造可重复使用的知识的精益原则中获益，实施精益原则后，虚拟团队比传统的集中办公的产品开发团队更有竞争力。新产品开发能否有效进行，关键在于获取和推广特定流程与产品的创新知识。沟通加速了可重复使用、可共享的知识的创造。

① 请注意，我们使用了专业术语“虚拟团队”来表示在新产品开发过程中，成员之间存在距离的团队。其他也有诸如“分散式团队”“全球化团队”“分布式组织”“虚拟工作组”“全球分离式团队”“跨区域团队”等说法，这些说法用来表示团队成员间存在距离，并且他们之间缺乏面对面沟通。

这里将“分散”作为专业术语，用来描述个体和小组成员之间的数量及距离概念。然而，“虚拟团队”这个词最早用来表示分散在世界不同地方的同一个项目里的成员，以技术为媒介进行沟通，缺乏成员之间面对面沟通。

6.1　新产品开发中的精益虚拟团队

传统创新利用“瀑布式流程”，该流程由集中办公的跨职能团队实施。事实上，我们更多鼓励集中办公团队致力于突破式创新，这种结构往往能够带来更高的生产力。然而，由于成本因素和其他组织约束，团队成员无法在同一个地点办公，也不适合在同一个地点办公。例如，在矩阵结构中，分配给团队成员的产品开发任务只占其工作量的一小部分。此外，由于工作、家庭或健康原因，员工可能会受到地理上的约束。因此，新产品开发工作不得不由位于不同地点的团队成员共同完成。成员之间的沟通主要通过电子媒介，几乎没有面对面沟通，我们将这种团队称为虚拟团队。

在新产品开发领域，虚拟团队体现了精益原则。精益制造的核心理念是减少浪费和提高质量。精益新产品开发通过促进成员之间的知识共享来减少浪费，缩短从创意到商业化应用的周期。团队工作在新产品开发团队实现其目标的过程中或起到促进作用或起到阻碍作用，表现在以下几方面：团队的创建方式、沟通方式、遵循的运作协议、获取和共享知识的方式、领导风格，以及促进团队实现目标的框架。从表 6.1 可以看到虚拟团队是如何体现精益原则的。运用虚拟团队模型的框架，能够让团队突破由成员工作地点分散带来的障碍，并从精益新产品开发中获得收益。

6.2　虚拟团队的基础

约有一半的虚拟团队都无法实现其预期目标。这些失败可归咎于时空差异、文化差异、糟糕的工作关系、缺乏协调与沟通、缺少信任、责任感不高、低效的组织结构和对个人贡献的过分依赖。当成员间的分散程度变高时，虚拟团队工作的质量就会有所下降。分散度是用成员间相隔的英里数和时区数、每个团队中不同成员所在位置的数量、孤立的团队成员的百分比及团队成员分布的不均衡性来衡量的。关于不均衡性，我们可以举个例子，在一个办公地点有五个成员，而在其他办公地点只有一个或两个成员。

关于虚拟团队的定义，不同组织有不同的说法。先定义传统上用于新产品开发的集中办公团队，然后将它与虚拟团队的定义进行比较，似乎能够更好地解释两者的差异。传统的新产品开发集中办公团队的成员，在地域、时间和文化背景上都很相近。这些团队用非正式的沟通方式，通过成员之间的亲密互动来建立关系。社交共享能够使团队成员间建立信任，开展更好的合作，发挥更大的创造力。这些特征可以极大地帮助一个跨职能专业团队进行高效创新。

相较于传统团队，虚拟团队更具成本效益，能够有效地利用当地市场，并在团队、产品线和全球组织间共享知识。我们可以把虚拟团队描述为“在工作安排中不进行面对面沟通，但为共同目标一起承担责任的一群人”。遗憾的是，许多组织认为虚拟团队合作不佳，团队成员间缺乏沟通，甚至无法实现既定的承诺，从而不认可虚拟团队。然而，就算依靠传统的集中办公团队，同样会导致设计和开发成本剧增、上市时间推迟、创造力受限等问题。

虚拟团队在组织约束上面临的挑战

需要注意的是，当人们通过电子媒介沟通而不是面对面沟通时，团队成员的分散性导致了沟通约束。例如，在同一栋楼却在不同楼层的团队成员也会因为地理位置分散而遇到不同程度的沟通与合作问题，这些问题与那些分散在不同国家的团队成员遇到的问题相差无几。由于缺乏社交沟通和面对面的互动，团队的归属感会随着距离的增加而减弱。

由于在不同地理位置工作，虚拟团队中的大部分沟通实质上是以技术为媒介的，这意味着团队的工作需要使用各种各样的信息技术。与传统团队通过共享共同工作空间来开发的规范化实践不同，虚拟团队的时间、空间、组织功能和文化都处于分散状态。然而，只使用面对面沟通的新产品开发团队在当今全球竞争激烈的环境下寥寥无几。在当前环境下，新产品的上市时间至关重要，开发者在设计新产品和新服务时必须具有全球视野。

高效的虚拟团队模型

根据我们自身的经验和其他虚拟团队的经验，我们为虚拟团队构建了一个模型，该模型可以推动知识共享和积极沟通，从而为高效的产品和流程开发提供有力支持。本章所阐述的模型是根据作者的直接经验、观察、研究和实践建立的。该模型以现实中不同虚拟团队的运行、相关文献和管理案例研究为基础进行了改进，如“驱动虚拟团队改进”案例所示。

驱动虚拟团队改进

某个虚拟团队的目标是改进石油化工生产过程以处理专有材料。团队成员位于美国得克萨斯州和新泽西州的三个不同城市，然而他们的供应商和客户却遍布全球（亚洲、欧洲和北美洲）。为了实现高效沟通，克服分散团队内在沟通的困难，团队成员就共同目标达成共识，并经常重新审查项目目标以巩固他们先前所做的工作。共同目标使团队能够与客户进行高效合作，共同开发质量标准和产品规格。团队在每次会议中都会重申这些质量和绩效标准（虚拟团队模型：启动和构建）。为了促进信息充分共享，电子邮件作为团队之间和团队与客户之间进行沟通的首要方式。这样一来，质量标准就能够在团队与客户之间的相互合作中构建起来（虚拟团队模型：沟通方法）。通过同步沟通和异步消息传递（虚拟团队模型：召开会议和制定协议），所有团队成员分享每个供应商在现场测试中获得的经验教训。该实践支持现有的和未来的团队进行知识转移（虚拟团队模型：知识管理）。最后，团队核心领导人实地考察每家企业和每个客户，为团队成员进行配对。这些行为都展现出了独特的领导力技能（虚拟团队模型：领导力）。类似的项目在之前已经拖延了许多年，也没什么成果，但通过构建虚拟团队模型并进行有效实施，使团队在短短几个月内就交付了令人满意的产品。

具体来说，虚拟团队模型的五个关键的要素是：

- 启动和构建
- 沟通方法
- 召开会议和制定协议
- 知识管理
- 领导力

虚拟团队模型中的每个要素都由几项支持措施来协助完成，这些措施在不断修改和完善，并在虚拟团队模型的应用中得到了发展和提高。新产品开发团队通过实施全部或部分要素，就可以马上改善沟通效果。然而，对于新产品开发团队来说，虚拟团队模型最成功之处在于能在每个要素之间建立联系，并将该模型在团队中进行普及运用。新产品开发走向成功的必经之路是在实践中将这些要素进行有效整合（见图 6.1）。

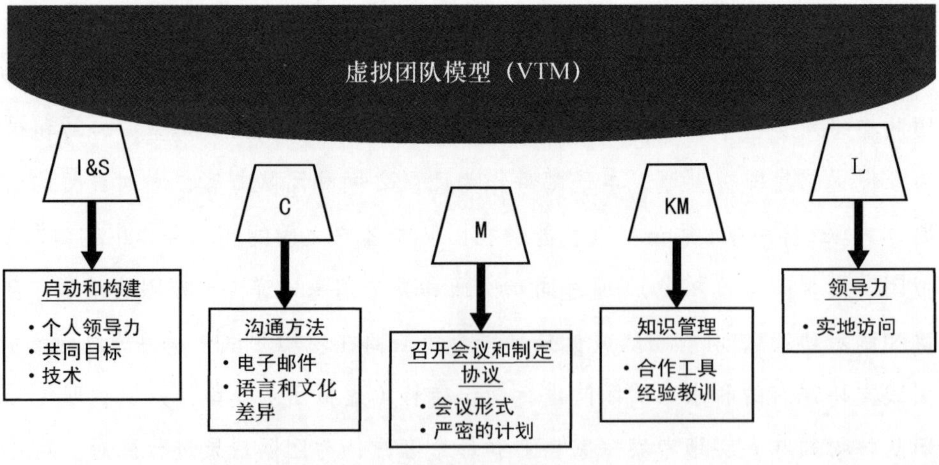

图 6.1 精益新产品开发虚拟团队模型（VTM）

第一个要素是启动和构建，它的重点在于了解团队成员的性格特征，如何构建团队，怎样设立目标。接下来的要素是沟通方法、召开会议和制定协议，主要帮助虚拟团队突破与非正式的工作人员、不能面对面的工作人员沟通时所面临的障碍。当然，为了成为精益新产品开发团队，虚拟团队必须找到有效且高效的方法来共享知识。知识管理的系统和最佳实践将在虚拟团队模型的下个要素中进行介绍。最后，团队的成功离不开有效的领导力。虚拟团队模型的最后一个要素——领导力，介绍了领导虚拟团队的核心技能。在本章，我们重点介绍了为成功实施创新项目而采取的一些方法。在本章附录 6-1 中，我们会展示一个虚拟团队模型应用的例子。

6.3　启动和构建

与集中办公的传统团队相比，虚拟团队更重视团队组建和设计合适的组织结构。除技术专长外，领导者在挑选团队成员时还要看团队成员的交际能力。有效的虚拟团队从招聘成员开始，有目的地选择那些在新产品开发过中能够完成任务并实现总体目标的成员。

由于团队成员与其他设计者或开发者常常处于分散状态，因此招聘成员时需要有目的地选择那些有多重技能且这些技能要与团队工作相匹配，并具有独特个性的人。这种个性可以是个人领导力，以便帮助团队成员在产品开发周期中进行有效沟通。在面试应聘者之前，企业可以根据完成任务的要求，对应聘者资料进行筛选，将敬业又热情的应聘者纳入虚拟团队的候选名单中。举个例子，一家有机食品饮料企业在招聘时会倾向于那些致力于家庭营养和环境研究的应聘者；一家健身馆会筛选那些有着健康的生活习惯并善于服务他人的应聘者；一家私立学校会根据应聘者是否具有奉献精神及知识转移的能力来考虑是否聘用。为了突出企业特点和项目成就，虚拟团队要求成员拥有强烈的责任感，这种责任感促使他们与企业的价值观和使命保持一致。

个人领导力

传统的集中办公的新产品开发项目团队的成员常常根据能力和可用性选择项目。这些也是虚拟团队成员的特征，虚拟团队能否有成功的开始和结构化的流程取决于团队成员的个人动机和个人领导力。自我激励不仅能激发个人对新产品开发项目目标的热情，还能促进虚拟团队模型中诸如沟通方法和领导力等要素的发展。

然而，个人领导力远远不止是自我激励和自我指导。具有个人领导力的虚拟团队成员一般能独立完成项目任务，并重视与其他成员间的跨职能合作。如表 6.1 所示，传统团队的成员以专家身份参与到项目团队中，同比虚拟团队的成员则会跨越边界以“专家”或“通才”的身份参与，并且通过知识转移来体现精益原则。虚拟团队的成员可以自我指导完成工作，不一定需要一个强有力的中枢领导者（本章后面将讨论虚拟团队的领导角色）。虚拟团队的成员常常被分配一些能够发挥他们所长的任务，如规划、设计或分析等。虚拟团队的成员的个人领导力体现在他们能够利用自己的专长完成职责内的任务，同时在必要的时候可以作为“通才”（T 型人才）支持团队。例如，一名在日本的团队成员是流体力学专家，但他还可以代表日本当地客户，用团队内通用的方法向新产品开发团队的其他成员提出需求。因此，获得通用专家的能力有助于再次利用知识和提高沟通效率，推动项目目标的实现。

虚拟团队中的个人领导力与传统团队中的任务导向型成员关系形成鲜明对比。传统的集中办公团队的成员更像任务专家，承担项目中的分散的单项工作。传统团队跨职能合作较少，每个团队成员拥有单一技能（I 型人才）。成员向负责整个团队的项目经理咨询相关项目信息。虚拟团队成员则在工作中扮演多个职能角色，他们代表某个地理区域或市场中的整个项目。这需要成员拥有一定深度和广度的产品知识，而不仅仅是单一职能的专业知识。

当然，团队领导者会在团队形成的过程中考虑个人领导力，而且个人领导力与虚拟团队模型中的其他要素都是紧密相连的。尤其是我们都知道个人领导力能够帮助团队建立广泛的沟通渠道，创建有效的知识管理系统。值得注意的是，在虚拟团队解散或开发新项目时，个人领导力也能为知识转移奠定基础。

共同目标

虚拟团队如果想获得成功，最重要的是选择那些性格特质与工作匹配的成员。虚拟团队成员在相互沟通中必须比传统的集中办公团队的成员更积极主动地与他人沟通，在沟通时也要深思熟虑地想清楚问题是什么，并自觉地将问题表达清楚。团队在组建的时候必须仔细筛选成员，因为这些成员代表着完成一个项目所需的所有领域的技术专家，同时我们还要去评估他们的个人性格和做出贡献的能力，如自律、工作积极性和领导力。组建一个团队是一项挑战，需要把来自世界各地的成员联结一起，使他们参与到共同的事业中来。新产品开发团队还有一个任务，就是不断审查和改进在虚拟团队模型下形成的团队组建实践。

技术

以技术为媒介的沟通没有面对面的沟通方式效果好，它会导致一系列疑惑与误解，这会对虚拟团队产生不好的影响。然而，这种分散式工作也能够给团队带来好处：可以借此来了解不同地域客户的需求，还可以从全球视角来分析产品开发项目。我们将在本章后面介绍一些团队合作工具。

任何用在团队合作、沟通和知识管理中的技术都应该在项目启动会议上进行介绍说明。同时，在项目启动会议上还要就如何使用新工具进行培训，并讨论使用这些技术想要达到怎样的预期效果。为了提高团队成员的生产效率，整个团队在项目中应该使用相同的工具库。全新的或经过改良的软件不应该在项目正在进行的时候引进，除非团队成员已经受过相关的培训，并且在沟通协议中就使用新技术已经达成一致。

对于虚拟团队来说，预先制定沟通标准和会议协议是至关重要的。团队运作规则为团队成员沟通和互动设定了期望值。这些沟通标准与虚拟团队模型中的第二个和第三个要素一起发挥作用。此外，在团队形成过程中设定一般的和特定的期望值将减少成员间的冲突，确保后期能够取得成功的团队绩效。例如，根据会议形式和出席率制定初始团队协议，使每个团队成员，无论其身处何地，都能为团队规范做好准备并做出回应。

综上所述，虚拟团队里最优秀的成员都是自我行动者，他们能从任务中得到激励，并具有很高的情商和文化意识。个人领导者在整个项目进程中保持对客户、利益相关者的关注。此外，共同目标驱动工作进一步发展，这也是衡量虚拟团队成功的首要标准。要启动和构建一个虚拟团队，最重要的是先设置一个共同目标。大家恪守承诺，为一个共同目标而努力，然后才能取得成功的团队绩效。在启动会议上，领导者应该将共同目标清晰告知成员，并时常强调目标，平衡工作任务的分配，增强团队的凝聚力。

根据赫格尔（Hoegl）和普罗赛尔普奥（Proserpio）的观点，成功的虚拟团队专注的共同目标有以下几个：

- 共享信息
- 任务协同
- 平衡的工作任务分配
- 相互支持，增强凝聚力
- 努力奋斗

虚拟团队可能需要花费更多的时间和精力，才能在最初的任务和目标上达成一致。虚拟团队还应同时对一些问题给出定义并即时反馈到团队中，以增强成员对项目的承诺。整个团队必须对利益相关者的期望持理解态度。对客户保持关注能够提高虚拟团队的成功率，并推动以客户为中心的持续改进的精益原则。

启动和构建：行动步骤

为了使虚拟团队能够成功完成产品开发并实现知识转移，组织必须在启动和构建团队时进行慎重考虑。虚拟团队通过实践证明，定义团队特征和规范团队行为能够使团队在执行新产品开发项目的过程中获得成功。启动和构建可能是虚拟团队模型中最重要的部分，因为在组建团队的过程中形成的错误和疏漏越到后期越难纠正。表 6.2 展示了新团队领导者组建精益虚拟团队进行产品开发工作的方案，该方案的重点在于团队的启动和构建。当虚拟团队模型中的要素自然重叠的时候，其他要素——沟通方法、召开会议和制定协议、知识管理、领导力——的重要性开始凸显，它们对虚拟团队启动和构建的影响将在本章后面提到。

表 6.2　为新产品开发建立新的虚拟团队

场景：作为新产品开发虚拟团队的一员，你被指派完成工作。你担任团队领导者，有两名团队成员与你一样在加拿大，有三名团队成员在美国不同的城市，一名团队成员在亚洲，另一名团队成员在意大利。

虚拟团队模型	标准方法	精益新产品开发行动
启动和构建	根据能力和可用性选择团队成员	挑选具有个人领导力特征并致力于项目目标的成员
沟通方法	面对面沟通 非正式沟通	制定考虑时区差异的沟通规范
召开会议和制定协议	频繁更新状态 非正式对话	尊重不同时区的成员，召开提前通知的例行会议
知识管理	将隐性知识转移到具有专业技能的长期团队成员的项目中	制定并实施知识管理规范 选择基于云计算的、合适的合作工具
领导力	指导式领导风格	重申共同目标和期望成果 与每个成员组织一对一的现场会议

6.4 沟通方法

沟通能够造就一个虚拟团队，同样也可以毁灭一个虚拟团队，这不难理解。因为对于任何关系来说，沟通在通往成功的路上都起着至关重要的作用。“沟通”这个词既包括我们说的内容，也包括我们说的方法。超过 70%的沟通是无声的，包括眼神暗示和肢体语言。当虚拟团队用不同步的技术进行沟通时，显然许多信息就会被遗漏。当然，如果通过正确的方法沟通，虚拟团队还是能够取得成功的。我们建议使用三管齐下的方法：使用电子邮件、精通通用语言和欢迎文化差异（见图 6.2）。

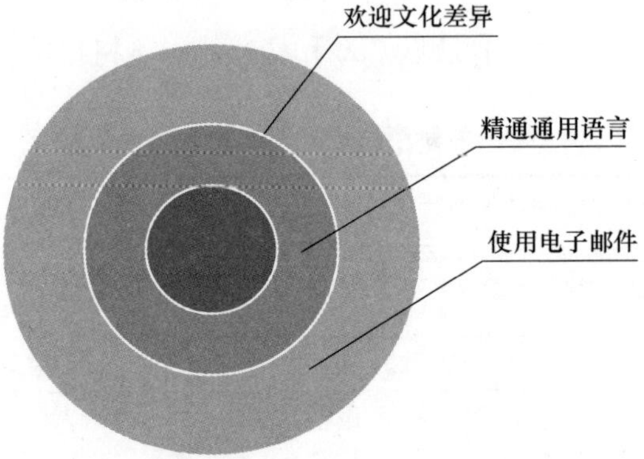

图 6.2　虚拟团队模型中改善沟通的方法

最早的沟通工具——电子邮件

虚拟团队成员在全球不同时区负责各具特点的工作。在一个团队成员准备关电脑收工回家时，另一个团队成员可能刚打开电脑准备开启一天的工作。在如今的日常沟通中，能发送即时消息的工具是最常用的，但对于虚拟团队来说可能会造成困扰。没有什么比在半夜收到手机短信，却发现只是诸如“收到，谢谢你的文件”这样简单又不紧急的消息更让人崩溃的了。

因此，我们对专家建议将电子邮件作为虚拟团队首要的沟通工具这一事表示赞同。首先，电子邮件不是即时消息，不像短信或电话那样要求收到的人立即回复。其次，发送电子邮件成本低，而且能轻易地将小组成员联结在一起。不管团队成员身处何地，都不用就如何使用电子邮件对其进行培训，因为大家都会。再次，为了将消息表达得更加清晰，发送电子邮件的人常常会在撰写电子邮件时更加谨慎，更注重语法、拼写和标点符号的问题。在电子邮件发送出去前，人们往往会不断地审阅、修改和更正邮件内容。最后，可以将电子邮件放在一个项目文件夹里，以增进知识共享——这也是精益新产品开发的目标之一。

把所有团队成员都收录在电子邮件通讯录中，这看起来似乎是一个好主意，但实际上有些问题只涉及一小部分团队成员。对于虚拟团队而言，最好的方法就是在发送电子邮件时在"收件人列表"中将需要有所行动的人列出来。"抄送"仅表示接收者需要保留此消息。"全部答复"这个功能则需要谨慎使用。此外，给电子邮件起个好标题是十分重要的。有时候，你来我往的电子邮件会越来越长，对话会从一个主题变为另一个主题。团队不应该丢失此前的对话线索，出于这点考虑，最好的办法就是经常更新主题行。例如，原始的主题是"项目进度表"，但是对话发生改变了，主题行应该改为"主题：建筑材料（前主题：进度表）"。这可以提醒收件人主题已经改变了，并保留其与先前对话的关系。请参阅虚拟团队电子邮件沟通范例。

虚拟团队电子邮件沟通范例

马文（克利夫兰）向团队成员发送了一封电子邮件，要求上报每个新产品子系统的具体完成日期。新产品开发团队的成员魏璐（新加坡）、亚历山大（巴萨罗那）和丽萨（荷兰）通过电子邮件回复所有人，新产品发送器、编码器和补丁的预期完成时间分别为 3 月 12 日，4 月 22 日和 5 月 16 日。魏璐同时发现有一部分工作她需要丽萨的帮助才能完成，以便在 5 月 30 日前完成最终原型。经过三周测试，丽萨在子系统开发中对所有可解释的约束因素进行了回应。马文调整了主题行，改为"原型测试（前主题：进度表）"，将魏璐和丽萨放入收件人列表中，同时将亚历山大放入抄送列表中，因为他在完成子系统原型这个任务上并没有起很大的作用。运用这种方法，整个团队始终对推动产品完成的互动和进展保持关注，这些行动仅需要一些关键成员加入具体的任务中来。虚拟团队的沟通记录被保留下来以进行知识共享，但已简化为成员需要知道的基础信息。

语言和文化差异

团队成员必须精通项目通用语言。他们应该具备通用语言的说写能力。正如我们所看到的，书面沟通在虚拟团队的沟通中占主导地位，所以写作能力比语言能力略重要一些。不管团队选择哪种语言，在集中办公的团队的任何沟通中使用通用语言也很重要。在进行电话会议时，如果某个地区的团队成员使用他们的母语进行沟通，那么其他地区的团队成员会在会议中走神。

电子邮件是虚拟团队首要的沟通工具，团队成员需要在使用过程中容忍一些奇怪的句子结构和表达措辞。例如，一些母语非英语的团队成员也许会将他们的创意用一种浪漫的形式翻译成英语，这导致他们的句子不再是许多描述性的句子。单词也许会出现次序颠倒的情况（例如，“外套的蓝色”代替了“蓝色的外套”）。我们对这些用不同语言沟通的团队成员要保持十足的耐心。如果我们不能熟练地使用书面语言，就要善于将我们的意思和意图清晰化。

此外，电子邮件沟通和其他沟通都需要保持以任务为导向。就算朋友或家人都很难从一条短信中体会到你的幽默。试图通过一封电子邮件去向有不同文化背景的人传达你的幽默，这极有可能导致误解，或者产生不必要的冲突。最好的方法就是保持简单的、专注于任务的和以行动为导向的沟通。

尽管电子邮件可能不是分享幽默和个人故事的好地方，但虚拟团队成员应该庆幸他们是不同的，这让他们能够在差异中建立起内在的、积极的联系。对于虚拟团队来说，最基本的利益是有机会挖掘当地市场的资源和实践成果，通过文化差异使项目获益。拥有不同教育、国家和文化背景的虚拟团队成员能够用不同的视角看待同一个项目。他们从不同客户的视角出发，以确保做全球化的设计。

对于虚拟团队来说，文化差异有时也是一种挑战，就像语言和幽默一样。虚拟团队并没有试图将企业总部文化强加给自己，而是形成自己的文化和风气。团队成员从不同文化中学习，这些文化差异也推动了新产品开发的创新发展。在全球各种情况下，产品的不同用途将促进一些简单功能的开发，这些简单功能可以满足大部分客户的基本需求。不同思维模式和背景的团队成员能够提供更多和更多样化的解决方案。团队成员在分享彼此创意的基础上树立起以客户为导向的独特观念。

对于传统的集中办公团队的成员来说，适应单一文化是很重要的。这种单一文化通常在团队文化背景中反映出来。相反，虚拟团队欢迎他们之间的文化差异，并据此形成一种独特的文化和风气，这种文化和风气是在他们处于不同时间、不同气候条件、不同文化下产生的。成功的团队有一个特点，那就是能够在成员间构建强大的凝聚力。无论团队成员的源文化是什么，团队都能用开放式的对话和会议进行知识分享，建立信任和共同理解。

在虚拟环境下，有些团队成员拥有其他成员所不知道的相关知识，因此，团队成员分享他们的专业背景和工作经验是很重要的。论坛通常没有得到充分利用，除了分享正在进行的项目和意见，它也是一个分享成员个人信息的好地方。这些信息有利于增进共享，建立信任。

例如，马文在论坛上展示了一张自己穿着美国 NBA 克利夫兰骑士队队服的照片，写上自己获得了俄亥俄州立大学机械工程学位，并且已经是三个孩子的爸爸。他还提到，在这份工作之前自己曾在两家企业工作过，有 10 年在通信企业工作的经验，其中一年是参加管理层培训。

与之类似，魏璐发布了自己的个人信息，如图 6.3 所示。马文和魏璐都喜欢同一项运动，所以他们很快建立起了社交信任。此外，马文钟爱在会议中用运动类比法，因为他确信团队成员会理解这种狭义文化上的引用。在这种情况下，与团队成员之间没有交流的虚拟团队不同的是，这些团队成员有意分享专业知识和个人信息，以建立信任和提高专业能力。论坛和合作工具为知识共享和合作沟通提供了渠道，使团队成员间能够建立信任，并推动共同的项目目标的发展。

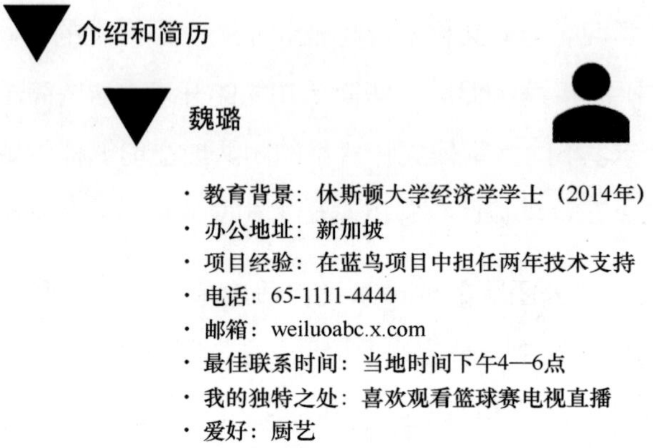

图 6.3　新产品开发项目论坛示例

在虚拟团队同步会议开始的几分钟里，团队成员会分享一些关于他们自己的事情，延续他们已建立的同事情谊。好的对话发起者会在开头闲聊一些关于节假日或体育比赛的趣事。另一种欢迎文化差异的方式是让会议中的每个成员在会议开始前进一步地分享自己的故事。尽管没有肢体语言上的暗示，团队成员也可以从中感受到一个人的热情与能量。

6.5　召开会议和制定协议

当对共同的目标有坚定的承诺，并且团队沟通都聚焦于如何取得成果时，这样的虚拟团队往往会取得成功。虚拟团队成员常常独立工作，与传统的集中办公团队成员相比，虚拟团队成员的签到次数要少。传统的集中办公团队成员在咖啡壶旁、饮水机旁或公司的咖啡厅相遇时会互相交换想法。成员间偶尔的互动可以促进更深入的沟通，有利于解决一些未完成的任务或问题。传统的集中办公团队召开的大多是常规会议，更多的时候只是向团队领导者报告活动进程。当然，虚拟团队成员缺乏与其他成员的联系。因此，团队会议、协议和绩效标准是虚拟团队的重要关卡。

会议形式

一般来说，面对面团队会议涉及非正式信息的共享、问题的解决和决策的制定，但大多数这类会议也包含社交方面，如建立共享身份。虚拟团队会议用来明确成员角色和责任，核实任务绩效，确认项目可交付成果。虚拟团队会议形式的最佳实践包括轮换会议时间和地点，改变技术媒介，争取全体虚拟团队成员的积极参与，明确后续行动也是必要的。

轮换会议时间和地点

对分散的虚拟团队成员来说，会议是十分重要的接触和联系方式。因为团队成员需要花费大量的时间独自完成他们的任务，团队会议为团队成员建立团队共识、做出承诺、分享经验和制定决策提供了机会。团队目标应该在每次会议上都被重申，以强调团队的共同目的。应该灵活设置开会时间，确保在每个成员都方便的时候开会。每周总是让某些团队成员大半夜起来开会，这是很不公平的。所以，要灵活设置开会时间，让团队中每个人做出的牺牲都差不多。

改变技术媒介

同样，尝试改变会议类型。召开电话会议时，人们在通话中往往需要处理多项任务（如检查电子邮件），在此过程中，虚拟团队成员很可能会从对话中脱离。召开视频会议和在线研讨会时必须将注意力集中在会议主题上。团队协议和规范描述了虚拟团队成员如何在会议上互动。一些简单的行动就能提高团队沟通的积极性，如使用静音键或在讲话时说出自己的名字，从而促进知识共享。视频会议和在线研讨会鼓励成员进行更多的沟通，但这需要宽带支持。一些距离较远的或在不同时区的团队成员常常通过电话参与到会议中来。总体来说，通信媒体是为同步共享而设计的，让一些团队成员尽可能在宽带连接不畅的情况下也能参与到会议中来。不要把他们置于不利位置。为每次会议制订合适的计划并做周到的安排能够使成员们的互动更加顺畅。

争取全体虚拟团队成员的积极参与

由于虚拟团队存在语言和地理位置上的障碍，会议通常会面临停滞。团队成员的参与度不仅在会议时间和沟通媒介发生改变时会有所提高，而且在成员间的任务责任发生改变时也会提高。例如，让不同的团队成员为会议提供便利，分发会议记录，能鼓励地理位置偏远的成员更加积极地参与进来，支持团队的共同目标。通过任务共享向其他成员展示项目里程碑也能够鼓励团队成员对等沟通和建构知识体系。

团队规范还制定了会议参与协议。例如，每次会议都要展示团队的所有核心成员吗？团队核心成员可以在会议中让他人代替自己吗？每次会议都要将缺席的人记录并存档吗？

最后，积极参与会议需要团队成员分享自己的工作、面临的挑战以及如何完成工作。主持人在开会时快速通报一遍成员名字，这也有利于提高成员的参与度。

严密的计划

规划虚拟团队会议的重要一点是确保提前将准确的会议议程分发下去。对于团队成员分布在多个时区的虚拟团队来说，在每月会议前一周或每周会议前两天分发会议议程更合适。有许多议程项目，包括长期报告、完成所负责工作的义务、信息共享，以及需要团队成员互动参与解决问题和制定决策。议程项目要足够灵活，可根据产品的进展情况而有所改变，并可以在会议开始时添加新项目。过去的跟踪记录可以在议程上做标记，以表示已完成事项，或者确认什么是影响产品设计完成的问题。

在团队会议之前分发会议议程至关重要，特别是在团队成员不是以英语为母语且文化差异很大的情况下。详细的会议议程可以给予孤立的团队成员更多时间去准备如何参与会议，并在必要的时候让他们有机会私下向团队领导者或会议主持人反映他们的问题。

虚拟团队的会议往往比集中办公团队的会议更正式。虚拟团队会议沟通中缺少肢体语言上的细节暗示，而且语言和文化都可能成为阻碍会议成功的因素。然而，虚拟团队的成功是由对共同目标的关注而推动的。为确保任务的一致性，项目目标应在虚拟团队会议期间不断被重复。会议议程的重点是完成任务，以确保有效地交付新产品。为了突破语言和文化上的障碍，虚拟团队会议应该从建立长期信任的练习开始，这种信任能够让团队成员主动发起互动并逐渐形成习惯。

由于沟通方法、召开会议和制定协议是虚拟团队取得长期成功的关键要素，我们在表 6.3 中强调并对比了构建知识共享的精益方法和标准方法的不同。

表 6.3　管理现有虚拟产品开发团队

场景：你正在开发一个项目，为现有产品增添新功能。下一代产品预计在一年内发布。你估计大约有一半关于产品硬件和软件的工作已经被完成。遗憾的是，七名团队成员中有两名是新加入团队的，代替了一名被重新分配到另一个部门的团队成员和一名离开企业从事其他工作的团队成员。

虚拟团队模型	标准方法	精益新产品开发行动
启动和构建	新团队成员表现出相当不错的技术技能	使用讨论板和合作工具分享个人信息和专业信息
沟通方法	新团队成员以非正式的方式了解项目状态	欢迎新团队成员的多样性和经验
召开会议和制订协议	以非正式的方式给新团队成员举行迎新餐会 用较随意的沟通传达项目状态	使用视频会议介绍新的团队成员 将会议管理移交给新团队成员，邀请新团队成员分享背景和经验
知识管理	隐性知识转移是非正式的	确保为新团队成员提供充分的工具培训
领导力	建立社交互动和处理个人分歧	领导者对每个新团队成员进行一对一访问 新老团队成员之间配对并进行现场访问

6.6 知识管理

所有团队都依赖从各利益相关者那里汇总、搜集和评估信息。通过识别关键利益相关者及其对项目的期望和要求来启动和规划项目，在项目执行过程中，特点和功能作为产品开发工作的一部分将被追踪。当遇到问题时，我们不应该每次都变更项目。事实上，精益项目团队依靠学习和可重复运用的知识来提高效率和生产力。为了让虚拟团队更好地运用知识，企业应该将这些知识转化为更易理解的信息。除了开发成功的商业化产品和服务，产品开发团队还应该为未来工作知识库的构建做好充分的准备。

系统工程为产品开发团队提供了许多战术性、可操作的工具，这给产品开发团队带来很大的帮助。这些工具可帮助团队确保正确配置子系统之间的技术联系并进行组装设计。版本追踪和配置管理是系统工程中的关键概念（如需更多信息，请查阅参考书目或联系作者）。

合作工具

现在有各种各样的工具能够帮助虚拟团队共享信息、转移知识和增进远距离合作。群件（Groupware）为虚拟团队成员和虚拟环境创造了共同的基础。随着技术的不断发展，新的合作工具也不断涌现。

文件共享工具（如 Dropbox™）对于虚拟团队进行协作工作和为项目构建共享资料库来说是必要的。Microsoft SharePoint™是一个面向大型企业和传统团队的通用知识管理工具。团队应该根据自身规模和团队成员的位置选择适当的合作工具。其他软件工具也有助于间接沟通。白板和桌面共享能够让虚拟团队跨越时间和距离的鸿沟进行合作。

对于虚拟创新团队来说，强大的项目管理工具是必不可少的，包括传统的软件工具，如用 Microsoft Project™来跟踪进度、预算和资源。许多虚拟团队选择成本更低的基于云的项目管理工具，如 BaseCamp™、Wrike™、Asana™、productboard.com、Redmine 等。软件工具如 Slack™、Yammer™，I DONE THIS（idonethis.com）常被用来与团队成员沟通和跟踪项目进度。例如，Mindjet™提供了一个开创性的构思工具，这个工具可以轻松地将要求转换为甘特图，以便团队能够专注于最紧要的事情。

相对于企业软件工具，云工具对虚拟团队成员来说更容易访问和维护。在家办公的团队成员在遇到故障时即使没有信息技术部门的人来帮助，也能依靠云工具解决问题。除了项目管理功能，这些云工具还为项目团队提供了合作环境，用来处理问题、存储文档、跟踪电子邮件、讨论线程，同时增强共享创造力、问题解决能力和决策能力。

精益产品开发团队的目的是开发让全世界客户都满意的产品或服务，创造可重复使用的知识，而不仅仅是学习一个新的软件。团队如果需要使用一种新工具，那么该工具应该在项目启动会议上被引入并伴之以合适的培训，而且在项目生命周期内尽量不发生改变。应该在项目重要的里程碑之前、之间、之后使用相同的技术，以提高生产力。例如，只要删除电话会议上的密码要求，就能提高在偏远地区或那些正在外面旅行的在家办公成员的参与度。沟通和协作工具必须简单易用，让那些独立工作的团队成员也能够解决故障问题，而无须考虑技术能力。在项目后审计期间应该评估工具和技术的效力。除了捕捉特定的产品开发信息，团队还需要明确一种最成功的协作和知识管理技术。

经验教训

经验教训通常是在项目结束后被收集的，一般由单个团队进行讨论，然后归档到项目档案中。常见的情况是，可得的经验教训很少在团队之间传递，项目负责人吸取少数未完成项目的经验教训，为将来实施其他项目做准备。传统团队用口口相传的方式来传递这些实践和行为。相反，虚拟团队依靠个人的隐性知识和正式的组织实践进行持续学习。

在将精益原则应用于产品开发团队时能够有效且高效地传递知识是一个重要目标，甚至是首要目标。一个面向企业所有人的共享数据库可以使任何人都能检索到这些搜集来的经验教训。与之类似，项目管理办公室或创新部门记录并传播从项目中得到的学习成果。项目管理办公室可以构建虚拟项目负责人网络，以鼓励团队成员在独立项目活动期间自由沟通想法和学习。可重复利用的知识能够帮助新产品开发团队更快地部署新产品和服务，并获得进一步的成功。

在全球性的激烈竞争中，我们必须依靠虚拟团队来实现目标。我们在案例研究中说明了虚拟团队模型的第四个要素——知识管理（见附录 6-1）。知识管理是精益新产品开发成功的关键，这样团队就不用重新实践或重新学习解决问题的技术（见表 6.4 和表 6.5）。

表 6.4　通过协作工作生成可重复利用的知识

场景：你是为企业开发新产品的技术项目团队成员。一些团队成员在家办公，而其他团队成员则分散在全球各地。你在生产工厂工作，因此你可以访问信息技术和企业其他服务，如人力资源和工资单，但你的许多同事在其所在位置不能使用这些功能。在最近通过视频召开的团队会议中，团队内部主要讨论了项目期望和工作准则。

虚拟团队模型	标准方法	精益新产品开发行动
启动和构建	团队成员作为专家，有需要就参与活动	积极参与所有团队建设活动和项目启动会议
沟通方法	非正式知识转移	使用电子邮件代替即时消息进行沟通
召开会议和制定协议	关于任务完成情况、状态的文件很少	按时完成指定的跟进工作
知识管理	具有强大信息技术支持的企业系统	共享文档存储，使用合作工具分享经验教训
领导力	面对面管理	通过配对进行现场访问以扩展学习和了解客户对产品开发的看法

表 6.5　领导力对虚拟团队参与度的影响

场景：你最近被任命为新产品开发团队的领导者。技术团队与你在同一个地方共同工作，但营销团队位于国内其他城市，而设计师和开发人员则位于印度、中国和荷兰。你过去领导过一些非常小的项目团队，这是你第一次领导一个重要的产品开发团队。

虚拟团队模型	标准方法	精益新产品开发行动
启动和构建	利用现场资源	设定共同的项目目标和期望
沟通方法	交互式面对面传递信息	作为新的团队领导者，用电子邮件介绍自己
召开会议和制定协议	在会议前做非正式决定	执行严密的会议计划，包括更新问题日志
知识管理	面对面知识转移	从该项目和已完成的类似产品中学习经验教训
领导力	解决社交冲突以指挥和控制为主	访问当地办公室的每个团队成员

6.7　领导力

我们能找到许多关于如何成为伟大领导者的研究或文献。然而，大多数历史研究都集中在传统团队上，领导力理论是在传统的、分级的报告管理结构的基础上发展起来的。虚拟团队更注重平等，领导者需要具备不一样的技能方可促使团队获得成功。值得注意的是，传统领导力与虚拟团队的效率并没有很大的关联。在集中办公的团队中，传统的管理人员通过非正式机制处理冲突和项目状态，与虚拟团队中领导者所扮演的角色是不同的。

相反，虚拟团队的领导者是以任务为导向的，领导者经常出差去拜访团队成员，并积极地倾听成员的意见或心声。因为团队成员是自我激励的、高技能的技术专家，所以虚拟团队的领导者很少使用以指挥或控制为主的管理风格。此外，由于虚拟团队更注重任务，如果领导者强调以社会为导向或主张团队凝聚力高于项目目标，他们不太可能取得成功。

领导力培训项目往往忽视对领导者基本技能的培训，如谈话技巧、聆听技巧或分析能力。对于虚拟团队来说，成为成功的领导者的必备技能是灵活性、忍耐力、毅力、自我控制、专注。虚拟团队要求管理者针对每种独特的情况调整自己的风格。伊凡娜（Ivana）和博瑞（Bozon）认为，在虚拟环境中，领导者可以通过以下方式建立信任。

- 快速构建沟通期望。
- 创造积极的社会环境。
- 验证会议制度和团队协议是否有效且可以被严格执行。
- 动员所有团队成员积极参与。

实地访问

因为成员间日常沟通、非正式的面对面互动较少，实地访问对虚拟团队来说就变得至关重要。因此，在项目生命周期中，领导者应该定期到团队成员的办公室进行访问，并扮演联络人的角色，架起整个团队的沟通桥梁，使团队目标在每个人心中得到深化。

通过到团队成员所在地进行访问，虚拟团队领导者还可以更好地了解他们在项目执行过程中各自面临的挑战。团队领导者应熟悉当地管理层，以促进在材料、设备和劳动力需求方面的磋商（当前和未来）。此外，如果现场缺乏项目所需的基础设施，团队领导者可以采取措施改善这种情况。例如，一个虚拟团队的成员需要为客户审阅并复制文档，但当地办公室只有一台共享打印机，这使她无法访问并审阅详细项目文档。在实地访问期间了解到这点后，团队领导者为该成员购买了一台个人打印机，这使得她的工作效率大大提高。

实地访问不应仅限于领导者。实地访问包括在团队成员工作地点之间轮流进行沟通交流。设计团队的一个成员实地访问了具有代表性的工厂。团队领导者通过将小型的子项目分配给团队成员来促进成员间的沟通。团队成员间的实地访问有许多好处。一些由于工作量和任务环境的不同所导致的误解，能够在实地访问结束后变为可以相互体谅的事情。即使这些团队成员回到了他们原来的工作地点，曾经并肩工作过的经历也可以让团队成员建立深厚的友谊，由此构建的信任在将来也会一直存在。项目预算必须考虑到这些重要的实地访问，因为人们常常认为旅行费用不在虚拟团队项目预算之内。

6.8　结论

新产品开发项目本身存在固有风险。引入虚拟团队会加大团队获取成功的难度。然而，从经验来看，实施精益虚拟团队模型为产品开发团队提供了一个框架，可以组织虚拟团队的活动，实现新产品发布和创建可转移、可重复使用的知识的双重目标。

与虚拟新产品开发团队一起行动。识别最大的差距，运用虚拟团队模型中最恰当的因素来解决问题。最好是将虚拟团队模型中的五个要素和各种方法作为团队平时的运作方式。在共同的目标驱动下检查团队的结构，确保沟通渠道顺畅，执行团队协议。了解并欢迎团队成员的多样性以促进创新。让每个成员都可以便捷地为共享知识库做贡献，以促进组织学习。鼓励并促进实地访问，以提高团队效率和成功率。最后，通过加快产品开发速度并利用世界各地的各种技能来认识精益虚拟团队的好处。

附录 6-1　虚拟团队模型应用的案例研究

作为在财务和风险、法律、税务与会计、互联网服务、媒体方面领先的信息供应商，汤森路透（Thomson Reuters）在 2009 年实施了一种新的运营模式，这种模式强调以全球客户为中心。该公司报告称，2011 年，公司的 6 万多名员工分散在全球 100 多个国家，营收 125 亿美元。通过新的运营模式，汤森路透意识到，虚拟团队是实现聚焦全球客户关注度的最佳方式。例如，在 2008 年，50%的法国员工需要向海外管理者汇报工作，半数的管理者团队分布在多个国家甚至不同的大洲。约有 400 人参与了组织的重新设计，以增加全球客户关注度和提高虚拟团队的能力。他们认为成功就是主动转移知识，这也是虚拟团队运行精益操作的结果。

汤森路透全球虚拟团队清晰地强调了虚拟团队模型的五个要素。首先，通过启动和构建，团队成员是有目的地被“雇用”的。汤森路透人力资源主管解释说，“有目的地准备”确实是组织吸引全球客户目光的唯一方式，也是虚拟团队成功的方式。因此，虚拟团队是由善于应变、具备管理全球客户群体能力的工作人员组成的。团队成员的动机是学习新技能，不受地理位置的影响。个人领导力要求一个人从普通人变成专家，同时还要兼具个人组织能力和自律能力。团队是通过客户业务部门（全球、大客户、交易和投资）构建而成的。无论团队成员所处地理位置为何，团队都应该有一个共同目标，即根据特定的业务或产品线管理客户，以推动全球客户关注度。

沟通方法是虚拟团队模型的第二个要素。汤森路透为全球团队所有员工配备了移动设备，这为所有虚拟团队成员提供了使用电子邮件的途径，并将其作为主要通信工具。由于金融市场普遍使用英语进行通信，汤森路透的每个人都采用英语作为虚拟团队的工作语言。在盎格鲁-撒克逊文化中（如美国、加拿大、英国和北欧国家），这种转变对他们来说是最容易的。拉丁文化国家的成员（如法国和意大利）却不太适应这种转变，但也都支持将英语作为通用语言的选择，因为客户管理者通常与虚拟团队成员生活在不同的国家。

新的以全球客户为中心的团队也欢迎多样性，以增加团队成员之间的信任。例如，员工为了提高灵活性、沟通能力和人际交往能力而参加特别的培训课程。为了帮助员工发展他们的文化，小组建立了一个流行的“文化向导”网站。虚拟团队成员说，由于有了新的操作模型和这些新的沟通工具，他们得到了更多的乐趣和满足感。

召开会议和制定协议。例如，一些管理者最初很难遵守纪律，如定期举行在线会议、制定有效的议程和推动任务完成。为了解决这一问题，汤森路透给虚拟团队领导者进行了培训，教他们如何进行跨时区互动，以及如何有效地组织在线会议。虚拟团队还对他们工作的质量标准保持关注。维护和改善全球客户关系是每个虚拟团队的首要目标。

正如虚拟团队模型所指出的，有效的知识管理可以消除精益虚拟团队遇到的障碍。汤森路透遵循系统工程的实践，创建了一个中央数据库和一套客户关系管理系统，以详细研究所有现存的和新增的业务流程。此外，该公司还在合作工具上进行了投资，其中有附带文档阅读器、视频会议工具的交付网络。这让不管身处何地的虚拟团队成员都有权访问相同的信息。从经验来看，当虚拟团队从服务全球客户中得到益处时也会受到一些不好的影响。因为管理者偶尔会走更远的路，旅行成本增加了。有影响力的客户要求特定的人员进行访问。然而，团队领导者访问不同的现场有助于改善沟通，因为管理者是在虚拟团队成员之间建立信任和关系的桥梁。

最后，想要在虚拟团队中取得成功，并进行如汤森路透那样大规模运营重组，需要强有力的领导，这种领导力能够应对虚拟团队所面临的挑战。正如我们之前所说，团队领导者利用实地访问向所有团队成员介绍自己，以此建立必要的人际关系和社会关系。这些行动能促使团队成员建立起跨职能部门间的信任，同时也有助于培养团队精神。该公司还致力于 80/20 倾听，为虚拟团队管理者提供包括文化维度、“假设”情景和思维定式指导的培训。

虽然虚拟团队模型是专门为帮助新产品开发团队在为客户问题提供新的解决方案时能够成功应对其艰巨挑战而设计的，但汤森路透的案例研究也可以验证该模型在日常业务运营中的有效性。虚拟团队可以从关注团队的启动和构建、沟通方法、召开会议和制定协议、知识管理、领导力等方面获益。

【参考书目】

Aguanno, K. (2005). Chapter 1: Introduction. In: *Managing Agile Projects* (ed. K. Aguanno). Lakefield, ON: Multi-Media Publications.

Connaughton, S. L. and Shuffler, M. (2007). Multinational and multicultural distributed teams. *Small Group Research* 38 (3): 387–412.

Hoegl, M. and Proserpio, L. (2004). Team member proximity and teamwork in innovative projects. *Research Policy* 33: 1153–1165.

Ivanaj, S. and Bozon, C. (2016). *Managing virtual teams*. Northampton, MA: Edward Elgar Publishing.

Jurgens-Kowal, T. 2016. Bridging communication gaps in virtual teams. In *Proceedings of the American Society for Engineering Management 2016 International Annual Conference*, ed. S. Long, E. -H. Ng, C. Downing, and B. Nepal. Red Hook, NY: Curran Associates, pp. 517–525.

Ketch, K. and Kennedy, J. 2004. *Unleashing the power of the group mind with dispersed teams*. White Paper, GroupMindExpress.com.

Lurey, J. S. and Raisinghani, M. S. (2001). An empirical study of best practices in virtual teams. *Information Management* 38: 523–544.

Monalisa, M., Daim, T., Mirani, F. et al. (2008). Managing global design teams. *Research Technology Management* 51 (4): 48–59.

Siebdrat, F., Hoegl, M., and Ernst, H. (2009). How to manage virtual teams. *MIT Sloan Management Review* 50 (4): 63–68.

Ward, A. C. and Sobek, D. K. II (2014). *Lean product and process development*, 2e. Cambridge, MA: Lean Enterprises Institute.

Zofi, Y. (2012). *A manager's guide to virtual teams*. New York: AMACOM.

【作者简介】

多诺万·哈登布鲁克（Donovan Harderbrook），新产品开发专业人士，项目管理专业人士，工商管理学硕士，电机工程学硕士，是美国伊利诺伊州芝加哥利特公司的全球质量管理系统主管。他致力于在利特公司产品开发和制造运营领域倡导和推动“零缺陷，零借口”的品质文化和体系建设。他还负责质量体系标准化和实施产品生命周期的管理。在加入利特公司之前，他于 2007 年创建了飞跃创新咨询公司，曾在英特尔公司、健康生产宣言合作组织、盐河项目和轨道科学中担任管理和工程职位。他加入产品开发与管理协会（PDMA）已经有 20 年，曾担任《产品创新与管理》（*Product Innovation and Management*）杂志的书评编辑，产品开发与管理协会开发副会长，以及亚利桑那州产品开发与管理协会分会的创始会长。

特蕾莎·尤金斯·科瓦尔，（Teresa Jurgens-Kowal），博士，项目管理专业人士，新产品开发专业人士，是全球新产品解决方案有限责任公司的总裁。该公司通过新产品开发、产品组合管理和项目管理的最佳实践帮助企业实现其战略目标。科瓦尔博士热爱创新，是一位终身学习者。她喜欢通过帮助个人和企业获得和持有专业证书，如新产品开发专业人士、项目管理专业人士、Scrum（敏捷项目管理理念和方法）和精益六西格玛，来帮助他们在新产品开发和产品组合管理方面达到最高水平准。科瓦尔博士拥有华盛顿大学化学工程博士学位、爱达荷大学化学工程学士学位和西德州农工大学工商管理硕士学位。她帮助不同行业的企业和个人实现富于生产力和高效率的新产品开发。此外，她有超过 20 年的行业经验和超过 5 年的兼职教师经验。她是产品开发与管理协会的书评编辑，也是产品开发与管理协会注册教育的提供者。

第 3 篇

市场约束

第 3 篇讨论市场约束，我们将其定义为与特定市场的特殊性有关，这些特定市场针对正在开发的新产品。前言中的图 0.1 概述了各章关注的特定市场相关约束，并指出这些约束是如何在新产品开发过程中出现的。

第 7 章由罗尼·莱因哈特（Ronny Reinhardt）编写。本章为企业提供了一个总体架构，用于解决低端市场问题，低端市场即低支付意愿和低支付能力的市场。消费者的低支付意愿和低支付能力让他们放弃购买已上市的产品。他们通常不会购买也不会使用新产品。本章列举了企业所需的八种能力，用于适应新产品开发流程标准，以不断改进低端创新。就如何成功适应新产品开发流程标准，提升组织和执行能力，本章给出了具体的改进建议。

第 8 章由阿鲁娜·谢卡尔（Aruna Shekar）和安德鲁·德雷恩（Andrew Drain）编写，聚焦于资源短缺型市场，而不仅仅是低支付能力的消费者市场。资源短缺型市场的消费者教育水平低，知识贫乏，拥有有限的公共设施，甚至没有公共设施，生活在基础设施缺乏的地区。本章提供了两种具体策略，用于指导资源短缺型市场的成功创新并讨论了如何实施：采用用户交互新方法，以更好地理解资源短缺环境的全部含义；将创新作为解决方案，并将创新企业视作供应商进行合作。

第 9 章由尼维迪塔·阿加瓦尔（Nivedita Agarwal）和亚历山大·布莱姆（Alexander Brem）编写。本章以印度医疗保健市场采用嵌入式方法突破市场约束为例，并提供了五个详尽的包容性策略，以进一步突破市场约束，特别是基础设施约束。作者解释了如何实施不同的应对策略去突破资源短缺型市场中的基础设施约束。

第 7 章 构建创新能力，突破低端市场消费者的约束

罗尼 · 莱因哈特（Ronny Reinhardt）

德国弗里德里希 · 席勒-耶拿大学

引言

低端创新是指以低支付意愿或低支付能力的消费者为目标，增加面向他们的新产品或新服务。因此，低端创新促使先前因价格高而无法购买或不愿购买的消费者能够购买新产品或新服务。例如，西南航空公司或瑞安航空公司等廉价航空公司拓宽了航空旅行市场，让那些买不起高价机票的消费者也能受益。同样，美国通用电气公司的低端医疗设备使得新经济时代的个体医生也有能力购买医学设备来帮助自己更好地诊断和治疗病人。

学者和业内人士用了一系列相关术语来描述针对低端市场的创新。例如，专家和管理者将“资源约束型创新”“节约型创新”“金字塔基础型创新”“包容性创新”“逆向创新”等术语用于新兴市场中的低端创新。还有一些更笼统的术语，如“颠覆性创新”“成本创新”和“低端侵入式创新”等。所有这些术语都是相关的，因为它们都用于增加低端市场的新产品和新服务。然而，没有一个框架能全面地

阐述企业进行低端创新所需的能力、方法和工具。

7.1 为什么低端创新重要，它们与标准实践有何不同

管理人员应该关注低端创新，开发低端创新能力，原因有二。首先，低端创新是抓住发展机遇、实现盈利和开发战略资产的重要手段。据估计，全球处于经济金字塔底部的 40 亿人每年花费约 5 万亿美元。此外，处于中等市场的 14 亿人每年花费约 12.5 万亿美元。2015 年，尼尔森调查研究了来自 60 个国家的 3 万名受访者，结果显示，无论是成熟市场还是新兴市场，"买得起"是影响新产品购买决定的最重要的因素。另外，低于现行价格的创新技术会对市场产生颠覆性影响，进而凸显出低端创新的战略价值。我们不妨看个例子，在基于 IP 的语音通话（VoIP）服务中，像 Skype 这样的免费网络通话服务已经基本颠覆了原本属于长途通话和国际通话服务的市场。其次，低端创新可以为社会做出重大贡献，这对利益相关者和消费者来说越来越重要。例如，与沃达丰合作开发的移动支付系统 M-PESA 使数百万名肯尼亚人得以使用正规的金融系统。

然而，低端创新也面临着特定的约束，因为它需要一整套不同于标准的高端创新的能力组合。表 7.1 概述了八个不同领域关于创新能力的标准实践，以及低端创新者在这些领域会面临的一些约束和应对这些约束的对策。本章会简述低端创新的一些具体约束和特征，概述低端创新能力维度，重点介绍适用于标准实践和开发低端创新能力的方法。最后，本章梳理了一个流程，帮助培养低端创新能力。

表 7.1 低端创新的标准新产品开发实践中的创新约束和对策

领域	标准实践	约束	对策
创新文化与承诺	注重高端创新（"更高、更快、更远"） 渐进式创新和激进式创新双管齐下	低端市场似乎天生就没有吸引力（如低支付意愿、低端技术解决方案）	培养低端创新能力，抑制高端愿望 创建高低端双重性和可转换性文化

续表

领域	标准实践	约束	对策
降低成本	利用流程创新降低新产品开发后期阶段（如测试或上市阶段）的成本	低支付意愿	从一开始就降低创新综合成本
大规模生产	市场开拓能力虽然很有用，但并不总是必需的（如对于一些非常高端的产品和小众产品来说）	低支付意愿的消费者众多	大规模生产需要从一开始就降低成本，以便为低端消费者提供服务
消费者需求	建立并规范获取消费者需求的方法（如客户声音） 市场研究数据的外部提供者	开发人员和消费者之间（地理上和心理上）的巨大距离（如不同的支付能力） 多样化的需求	采用市场渗透技术来获取远距离消费者的需求
创新流程	采用门径开发流程 缩短新产品开发周期	多样化和模糊的需求	通过高度迭代的流程减少模糊性 可能需要较长的新产品开发周期
创新范围	创新时将时间和精力集中在核心问题上	市场约束，包括制度上的空白、基础设施或培训的缺乏	开发全方位解决方案，以突破额外的市场约束
销售渠道	依靠现有的产品分销渠道	缺乏产品分销渠道或大量消费者无法获得创新服务 渠道管理人员认为低端产品没有吸引力	开发能够克服进入壁垒的分销解决方案 考虑直销
建立关系网	与上游合作伙伴（如大学）合作解决技术问题	基础设施的缺乏和制度上的空白比技术问题更重要 目标消费者的援助需求	与下游利益相关者和支持目标消费者的分销渠道管理人员建立联系

7.2 低端创新者面临哪些约束

如果一家企业很适合创新，这是否意味着它一定适合低端创新呢？未必！因为低端创新有一些额外的约束，企业想要取得成功，就得突破这些约束。

如上文提到的，低端创新的主要约束是低支付意愿。消费者要买得起新产品或新服务。不仅仅针对一般购买能力的消费者，新产品或新服务的定价还应低到在低端创新领域可以开拓出一个规模相当大的市场，使先前无力购买的消费者也能买得起。这种约束极不寻常，因为它要求从产品开发一开始就得降低创新成本并能够开拓大规模市场，但这样的市场和创新在组织及其合作伙伴看来并没有什么吸引力。这种约束还可能导致开发人员在理解高端消费者（支付能力较高）和低端消费者（支付能力较低）的产品需求和使用情景上产生脱节。

除此之外，低端市场通常还存在一些次要约束。首先，市场和消费者的约束，如基础设施不发达、无制度标准和培训缺失等，形成了高端市场通常不存在的挑战。其次，低端市场由大量的消费者组成，这为开拓市场和产品分销带来了挑战。与高端创新相比，低端创新还无法采用从金字塔顶端顺延下来的营销模式。相反，低端创新者往往需要从一开始就大批量生产产品。最后，与一般观念不同，低端消费者是多种多样的，因此，对低端产品的需求及其使用情景也不是统一的，而是多种多样的。肯尼亚的消费者与南非的消费者有着不同的需求，面临着不同的障碍。此外，在同一个区域内不同的个人需求也不同。这就造成了需求及产品要求的不明确性和模糊性。这些主要和次要的约束都要求企业培养与高端创新不同的能力，或者对现有能力进行整合，以新的方式运作。

7.3　培养低端创新能力的方法和流程

以下部分将解释构成企业低端创新能力的八个不同维度。首先对每个维度进行简单的介绍，然后概述可以协助企业构建每个维度的方法、工具和流程。使用这些通用方法、工具和流程可以成为开发独特方法、工具和流程的起点，从而为企业开展低端创新带来竞争优势。

创新文化与承诺

确立目标为低端创新创造了组织环境并提供了支持。需要额外考虑的情况是，如果只生产低端产品，你就必须忍受来自高端产品的偏见。如果选择同时生产高端和低端产品，你就必须培养兼容文化。

成功的低端创新需要管理层对低端创新的承诺，以及打造为低端消费者开发产品的文化，因为低端创新似乎不如高端创新那么有吸引力。因此，企业需要创造并维持一个支持低端创新的组织环境。同时，根据企业不同的目标采取不同的策略，如只开发低端产品还是同时开发高端和低端产品。只开发低端产品的企业需要文化和承诺策略来抑制对高端产品项目的渴望，因为“高端产品”往往与优良品质、卓越地位相连（但不一定利润更高）。相比之下，同时追求高端和低端产品创新的企业，其创新流程需要支持在这两个创新目标之间的切换。

如果只开发低端产品，企业就需要创建一种低端文化来抑制对高端创新的渴望。这些企业需要形成以成本敏感和低端消费者为中心的组织特征。例如，瑞安航空以其极致的成本导向，致力于去除所有花哨服务来降低票价，让更多的消费者能够乘坐飞机而闻名。其创始人兼首席执行官迈克尔・莱利（Michael Leary）一直强调公司的目标是保持价格领先地位，从而抑制了任何向高端创新发展的渴望。相比之下，大众汽车（号称“大众的车”）在推出“辉腾”这一款豪华车型时并没有压制其向高端创新发展的野心。可是，这款报价达 10 万美元的旗舰轿车从未达到过预期销售目标。据称，每生产一辆该款车，公司就损失 3 万美元。

虽然组织文化可能是最难改变的，但有三个步骤可以支持这个改变过程。

1. 第一个先决条件是提高认知。管理人员可以利用个人沟通（如会议、团队活动）、印刷宣传品和可视化沟通（如海报、内部通讯）等工具来提高团队认知。

2. 在意识到想要的低端文化之后，组织需要花费一段时间来学习和适应新文化。学习需要深入理解低端文化，这可以通过开展专题研讨会来实现。这些研讨会需要涵盖低端文化的不同方面，这在瑞安航空、通用电气、麦当劳和阿拉文德眼科医院等成功案例中都有体现。

3. 在员工和管理人员能够为自身的实际行动负责之前，需要不断练习新学到的技能。例如，在实践阶段，对研发团队的评估取决于他们在低端和高端项目上分配的时间。实践期结束后，根据团队管理者是否达到了低端创新目标，来决定是否给予资金奖励。制定与低端战略相关的目标很重要。没有目标，管理人员可能在开展活动时陷入迷茫，甚至一不留神就在日常业务中开发出高端项目来。

因此，需要采取 SMART 原则对目标进行管理，目标必须是具体的（Specific）、可衡量的（Measurable）、可实现的（Attainable）、与其他目标相关的（Relevant）和有时限的（Time-bound），以支持低端创新文化和承诺，从而避免低端战略最终变成“没牙的纸老虎”。

对于组织而言，在诸如开发高端和低端创新项目这样会产生冲突的目标之间切换是一项更加困难的任务。创新研究院创造了“组织双重性”这个术语来专门描述一个组织同时追求两个相互冲突目标的能力。具体来说，实现双重性的途径有两种：结构上的双重性和情景上的双重性。

- 结构上的双重性意味着组织要创建不同的部门，每个部门都追求各自的特定目标。例如，汽车制造商雷诺增加达西亚这个独立品牌，为低端市场开发新车型，而雷诺则继续定位于中端车型。这种方法可确保每个部门与组织、品牌和战略目标保持一致。然而，结构上的双重性阻碍了协同效应的发挥，因为它需要并行的研发、生产、营销和分销系统。

- 情景上的双重性要求组织的所有成员根据企业战略，在低端和高端项目之间分配他们的时间和精力。然而，如果管理者没有明确区分高端和低端项目，企业就有可能忽略低端项目，因为决策者往往会将高端与地位及成功联系在一起。因此，情景上的双重性要求通过一定的规则和合适的管理工具来保持低端和高端项目的平衡。首先，企业需要一个区分低端市场和高端市场的整体战略，并为每个目标市场制定各自的目标。其次，企业可以调整现有的组合方式，以平衡低端和高端项目。大多数企业已经通过管理创新组合平衡了激进式创新和渐进式创新。同样，这种方式也可以应用在对低端和高端项目的管理上。在新产品开发流程中，同时呈现低端和高端项目的组合有助于企业尽早发现是否在两者转换过程中失去了平衡。

因此，根据具体情况，企业需要抑制对高端创新的渴求或管理高端和低端创新之间的转换流程。这两种能力都不在标准的新产品开发实践范畴内。所以，一个强调认知、学习、实践和责任的结构化流程可以帮助企业创建低端文化。在结构双重性和情景双重性方面对高端项目和低端项目之间进行区分，有助于实现文化转换。

降低成本

目标是在新产品开发期间通过对投入和流程进行创新来大幅度降低成本。毫无疑问，这是在所有情况下都必须具备的一种能力。

在传统的创新项目中，企业通常在产品得到市场初步认可后才开启削减成本计划。与之不同的是，低端创新要求将降低成本的创新作为新产品开发不可分割的一部分，因为目标消费者的支付意愿较低。所以，在新产品开发的早期阶段，借助设计、投入和流程创新以显著降低成本的能力，对于那些面向低端市场的企业来说至关重要。

低端新产品开发团队可以从一开始就使用成本导向工具，如面向成本的设计、目标成本法、价值工程及面向制造和装配以降低结构成本的设计等。第一步，无论使用哪种工具，低端创新者都需要识别出产品的成本驱动因素。通常，这种分析将产品投入和制造流程划分成占最终成本很大比例的几个项目或只占最终成本很小比例的多个项目（参见 ABC 分析）。第二步，对这些成本驱动因素进行分析，以识别降低成本的机会。

从项目一开始就降低成本的方法包括：

- 低成本设计（或重新设计）。产品的最终成本很大一部分是在设计阶段确定的。因此，设计（或重新设计）为降低成本提供了最大的潜在可能。例如，塔塔·纳诺（Tata Nano）和达契亚·洛根（Dacia Logan）都表示，重新设计像汽车这样的复杂产品可以大幅降低成本。又如，宝洁公司重新设计了供给药店产品的包装，并生产了小包装，让新兴市场的低收入家庭也能够买得起，这很好地说明了即使相对简单的产品，重新设计也可以降低成本。然而，从改变整体设计或单个功能，到选用替代材料，再到简化装配步骤等众多出发点都对低成本创新者提出了挑战。管理者需要意识到，每个设计决策都是一个成本决策。

- 简化。低端产品不提供高端产品的所有功能。因此，降低成本的一个关键步骤就是简化产品或服务的功能，仅保留满足某个特定低端目标市场的基本功能。例如，低成本汽车铃木奥拓、达契亚洛根、塔塔纳诺放弃了传统市场消费者期望的一些功能，如动力转向功能、前座双杯架等，在整体性能水平“足够好”的基础上实现了更低的价格。

- 组件替换和采购。低端创新者需要找到更便宜、更符合低端市场约束的新部件。例如，通用电气公司设计了一种低成本的超声设备，借用笔记本电脑屏幕等商用技术进行成像。系统地筛选采购替代方案，使用第三方解决方案而不是自制方案，从而降低成本。

- 生产和交付。除了产品设计和材料投入等影响因素，优化生产和服务交付流程也有助于降低成本。例如，低端航空企业提高了劳动力利用率；沃尔玛开发了先进、低成本的物流系统；低端汽车通常在低收入国家进行组装。因此，按照"为生产和装配而设计"等相关指导来进行设计，将生产和工艺因素纳入新产品开发流程，对于低端创新来说是至关重要的。

最后，除了这些面向流程的方法，企业还可以从跨职能的新产品开发团队（包括降低成本、优化采购和生产制造专家）获取更多降低成本的建议。虽然这并不是标准实践，但对于真正将降低成本创新纳入新产品开发早期阶段来说尤为重要。

大规模生产

目标是快速增加产量以降低成本并为大量消费者提供服务。需要意识到的一点是，对小企业而言，产能是个大问题，而对大企业而言，完全不是问题。

低端创新意味着要为先前由于低支付意愿而被排除在市场之外的大量消费者开发他们买得起的产品。因此，低端创新需要加快生产进程，使企业能够从一开始就迅速、完美地增加产能。虽然扩大规模在很多情况下都非常重要，但在低端创新情景下，降低成本并为大量消费者服务至关重要。

因此，发展大规模生产能力就要求具有批量设计的思维模式。在新产品开发期间，开发团队需要意识到，最终的产品或服务必须扩展到足够的数量，才能在低端市场取得成功。因此，对于那些没有大批量生产设施的企业来说，将大批量制造商纳入新产品开发流程是非常重要的。例如，美国生物物理学家们发明的"捕蚊器"，是一种可以利用二氧化碳来捕捉蚊子的装置。尽管这款产品在发布后取得了巨大的成功，但是生产该装置的企业没有足够的设备来实现大规模生产，未能实现从美国小批量工厂到中国大批量工厂的转移。之后，这款产品的质量水平不断下降，最后几乎在市场上销声匿迹。

此外，低端市场的大规模生产通常需要解决这样一个矛盾：通过生产更多相同产品来实现规模经济的同时，又能使创新产品适应世界各地不同的低端环境。采用模块化设计方法——通过提供实现规模经济所需的零件数量并满足不同低端环境的不同需求，来帮助解决这一矛盾。因为标准化模块和零件不仅为企业增加了规模经济优势，而且还能够满足不同市场所需的差异化。

要实现大规模生产，企业可以依赖封闭的或开放的模块化系统。例如，大众汽车成功地将同一模块平台（横置发动机模块平台）用于各种不同车型的汽车，从而实现了内部规模经济（封闭系统）。在服务领域，规模化要求将不同版本的流程转换为统一的流程。例如，低成本航空企业通过采用单一机型来实现更低的备件库存和统一的维修流程。当个人计算机行业从封闭式系统转向开放式系统时，其外部规模经济也会促进成本降低，低价计算机得以进一步发展，从而显著扩大低端市场。

因此，开发面向批量设计的思维模式，采用模块化方法，系统地利用规模经济，可以支持企业发展大规模生产的能力，对于突破低支付意愿和消费者数量庞大的约束尤为重要。

消费者需求

目标是通过突破新产品开发团队和低端消费者之间地理上和心理上的距离，来了解低端消费者需求。需要考虑的因素是新产品开发团队与低端市场之间的距离。二者在心理上和地理上的距离越遥远，对相关知识和能力的要求就越高。

低端消费者通常在地理上、文化上或心理上与新产品开发团队相距甚远。例如，德国和美国的工程师在为新兴市场开发新的低端产品时，他们的所在地与目标市场的所在地相距甚远。此外，与那些新兴国家的低收入消费者相比，发达国家的工程师通常生活在一个不同的世界，这也进一步加大了创新设计者和用户之间文化上和心理上的距离。因此，企业要有能力来系统地获取新兴市场消费者需求的信息。

帮助新产品开发团队融入市场需求并体验这些约束的方法有助于弥合上述距离。市场渗透、人种学市场研究和移情设计都有助于团队深入了解距离遥远的消费者。在市场渗透过程中，不仅仅是市场营销部门的员工，整个新产品开发团队都能获得与消费者和市场打交道的第一手经验。人种学市场研究的核心是到消费者所在的市场环境中去观察他们。这种方法通常将笔记、视频和访谈记录作为后期分析和理解消费者需求的数据。移情设计要求创新者想方设法站在消费者立场思考问题。例如，通过减缓运动来模拟老年人活动效果的套装可以帮助新产品开发团队开发出针对老年人的产品。在低端市场，市场渗透意味着要生活在低端市场中，定期访问低端市场的消费者，尝试通过讲故事或录视频的方式来体验低端市场。例如，在宝洁公司开展的"Living It"项目中，宝洁员工被要求到低收入消费者家中与他们同吃同住几天，亲身体验他们对于产品的需求和面临的最大约束。后来，宝洁公司开发出一种织物柔软剂。对墨西哥的母亲们来说，洗后的衣服闻起来清香、摸起来很柔软非常重要。这种柔软剂可以让她们在漂洗衣物时只冲洗一次就够了，同时也突破了"新发现"的当地水供应有限的约束。

市场渗透方法是连接高收入员工和低收入消费者所处的两个不同世界的重要桥梁。采用市场渗透、人种学市场研究和移情设计等方法为开发获取远距离消费者需求的能力提供了基础。

创新流程

目标是通过收集和处理信息，确定和测试解决方案来突破产品需求和目标市场不明确导致的约束。需要考虑的因素是目标市场不明确的程度。目标市场越不明确，对这种能力的要求就越高。

这个迭代流程会使用大量较短的开发和反馈周期，而不是少量却很长的周期。迭代能帮助企业找到突破低端市场约束的解决方案，并解决与低端市场相关的需求不明确的问题。例如，通用电气公司的卫生保健事业部依靠“快速开发”这一迭代流程来为新兴市场开发、测试和商业化平价医疗设备。

有两种特定的方法融合了迭代原则：探索学习方法（Probe-and-Learn Method）和精益创业方法（Lean Start-up Approach）。这两种方法都遵循类似的流程，企业可以使用这个流程来创建他们的迭代计划并开发相应能力。第一步，探索。向市场推出一个早期原型，即最小可用产品或尚未成熟的产品。该阶段产品的功能不一定齐全，或者在一开始还不能满足低端消费者的所有需求。第二步，学习。这时企业需要收集真实市场的反馈和数据，以了解市场对初步解决方案的反馈。在这一阶段，大量收集有关产品质量方面的第一手数据是很重要的。传统的市场调查方法在低端创新环境下不一定能提供可靠的调查结果，因为低端创新所要面对的是对这类产品尚无经验的大量消费者。因此，亲身观察就比直接的、定量的研究方法更为可靠。第三步，迭代。不断重复前两个步骤，直到产品满足低端市场需求并突破现有的约束。管理者不应该期待在一次迭代中就实现所有的目标，而是要谨慎地向最终解决方案迈进。这一流程背后的合理之处在于，低端市场的不确定性较大，通过学习获得经验是非常有用的。

理解迭代和即兴创作是不同的非常重要。即兴创作是一个灵活、随意的流程，而迭代则是一个经过精心计划、以目标为导向的流程，通过进行有计划的测试来消除不确定性。

创新范围

目标是开发适用于低端市场环境和障碍的整体解决方案系统，以使低端消费者能够购买和使用新产品或新服务。需要考虑的因素是低端消费者所面临的约束数量。他们面临的约束越多，对这个能力的要求就越高。

与高端市场的创新相比，低端市场的创新需要应对更多的约束。围绕这些约束开发一套完整的解决方案和业务模式可能要比开发低端产品本身花费更长的时间。例如，低端医疗器械企业想要开发已占领传统市场的设备服务网络，可能需要编制培训材料，寻求能够提供相应服务的合作伙伴，并构建服务支付模式。

首先，开发总体解决方案要对目标市场面临的所有约束都有深入的认识和了解。低端市场渗透和流程迭代可以提供这方面的信息。此外，还有两种方法可以帮助新产品开发团队找到解决方案。第一种是通过一套知识管理系统将现有的解决方案应用到特定的情景中，因为这套系统包含的解决方案蓝图已经有效突破了现有的约束。例如，本田公司推出了一种摇号系统来资助印度客户低成本柴油发电机。在事先分好的小组中，每位客户每月都需交付一笔固定费用。随后每个月，每个被随机抽取到的客户会收到一台发电机，直至所有客户都收到发电机为止。这个方案也可以用在其他不同的情景下。

为了开发针对现有约束的全新解决方案，开创性思维技术可能会有所帮助（见图 7.1）。首先，通过参与者集体讨论，列出 5～10 个理想的解决方案参数。例如，产品需要低成本、易用和离线（不依赖公共设施）。其次，将这些理想的解决方案参数放在一起，将每对参数进行组合。例如，“低成本”和“易用”组合可以产生不同的产品概念，如麦当劳、铅笔或速食米饭。 将“易用”和“离线”组合，可以产生“遥控玩具车”或“老年人手机”。把这些组合应用到现实的低端环境中，可以产生创意和机会。例如，麦当劳的自助服务模式可以移用到 B2B 市场。道康宁公司推出了 Xiameter 这一品牌，使得消费者的交易过程尽可能自动化，并采用了直销方法来销售低成本、标准化的有机硅产品。如果希望产生更多的创意，你可以在“共性矩阵”中成对地使用参数组合，找到可转移到低端创新环境中的共同特性。例如，将麦当劳和遥控玩具车结合起来，可以产生“廉价、安全且耐用的塑料”这一共有特性，这样一来可以开发新型塑料，取代以前的材料。例如，太阳能电池板的运输曾经依赖于相对昂贵的木质结构，而现在使用坚固耐用、低成本的塑料制品降低了成本，提高了运输效率，能够将电池板运输到偏远的地区。

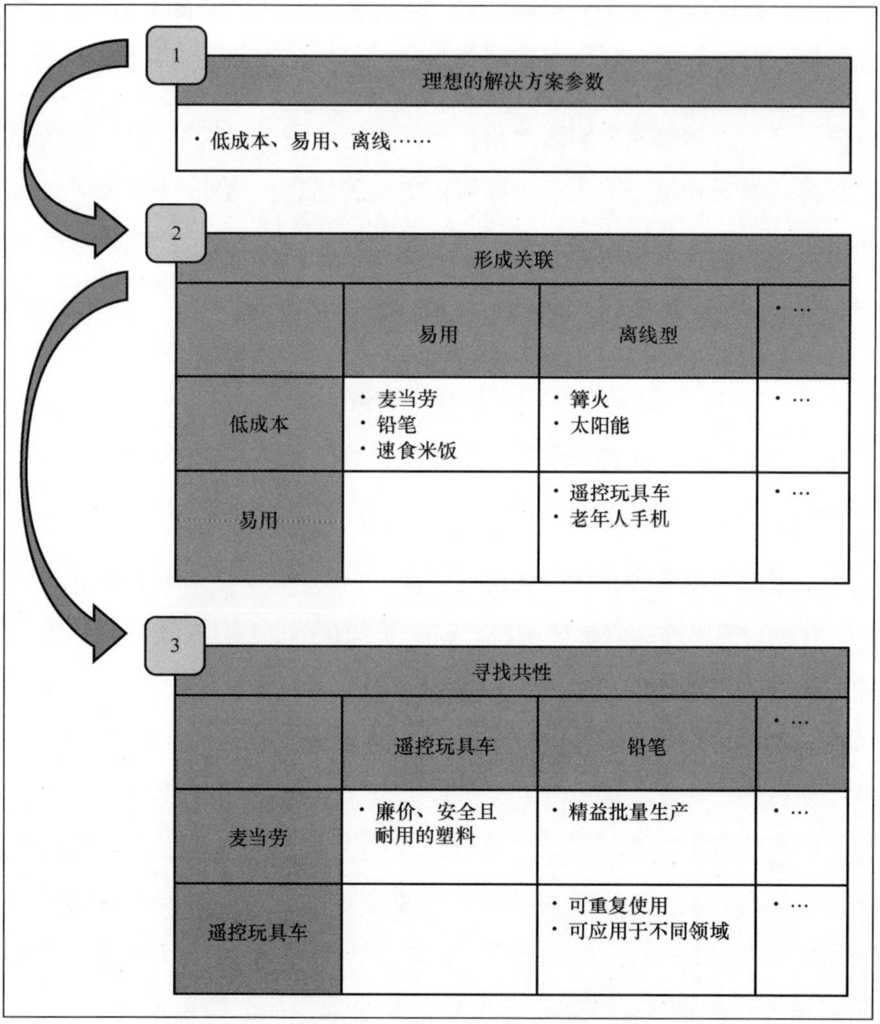

图 7.1　开创性思维技术解决低端创新问题（示例）

因此，要想找到一个全面的解决方案来应对低端市场的这些约束，既需要对现有解决方案的系统了解，也需要进行开创性的工作，从而开发出能够突破这些约束的全新解决方案。

销售渠道

目标是让低端消费者也能享受到新产品和新服务。需要考虑的因素是目标市场类型。在新兴市场中，企业需要专注于突破创新障碍。在成熟市场中，企业则需要着重解决分销渠道和产品销售等问题。

为低端消费者创造购买新产品的渠道是很重要的，因为低端创新只有在为数量足够多的消费者群体服务的情况下才能取得成功。在成熟市场，企业面临的挑战往往是要用低成本的方式打开市场，并将产品配送到现有的分销渠道中。在新兴市场，企业要突破现有的准入障碍和设施短缺（如缺乏基础设施或电力供应）约束，才能打开销售通道。例如，雅芳的微型特许经营商乘坐独木舟深入亚马孙雨林，接触到了那里的人们，消除了由于交通不便而造成的障碍。

在面临准入障碍和设施短缺时，企业可以单独或综合使用以下三种战略。首先，企业要调整其战略以适应低端环境和现有约束。例如，戴尔在美国和其他成熟市场成功地使用了按订单生产计算机的系统。在中国，由于当时互联网使用不那么广泛，国有企业也有其独特的要求，所以戴尔采用了分销商和系统集成商的方法。其次，大型跨国企业或许能够改变市场环境。例如，零售和批发企业麦德龙集团新建了一条冷链，因此能够在中国多个城市销售鱼类和肉类。最后，如果不能改变或适应低端环境，企业就不得不放弃这个市场。例如，家得宝的商业模式需要依赖高效的公路系统，以保持低库存成本和低价格。如果没有高速公路这样的特定系统和设施，家得宝可能就无法为低端新兴市场的消费者提供服务。

在成熟市场，将低端产品引入现有分销渠道可能是一项挑战，因为分销商可能会把低端产品视为面向低端群体的和低利润的。分销商要学会把目光从产品的单位利润转到产品总量和利润总额上来，这会有助于市场准入谈判的成功。或者，低成本创新者也可通过直销来确保低成本产品的大范围推广。例如，DollarShaveClub.com 和瑞安航空公司就成功地运用了直销的方法。除了增强消费者消费意识的营销能力，这种方法还要求市场具备相应的基础设施，如高效的邮递系统和互联网接入等。例如，DollarShaveClub.com 成功地实施了病毒式营销活动，瑞安航空公司的首席执行官迈克尔·莱利一直致力于制造宣传噱头，因为提高品牌知名度是直销成功的一个重要因素。

因此，以新兴市场为目标的企业可能面临着基础设施匮乏和相关制度不健全的约束。要么适应环境，要么改变环境，这两种战略可以帮助企业进入市场。在成熟市场，利用现有的分销渠道或建立一个直销渠道都是销售低端新产品或新服务的可行策略，同时也是具有挑战性的替代解决方案。

建立关系网

目标是把低端消费者的利益相关者和看门人联系起来，以利用现有的销售渠道保护和支持系统。需要考虑的因素是目标市场类型。在新兴市场，企业需要与下游利益相关者建立联系。在成熟市场，与看门人建立战略伙伴关系则更为重要。

与利益相关者和看门人建立战略伙伴关系有助于企业进入低端市场。例如，飞利浦与多个伙伴合作，以弥补其在农村地区缺乏分销渠道和公司销售人员面对低收入者的营销能力不足的短板。通过缴纳更多的食品税，麦德龙集团获得了地方政府对质量标准方面的支持。总之，相关研究表明，与政府建立良好的合作关系对于新兴市场的低端创新项目大有裨益，因为这些项目往往会带来与政府相关的、积极的社会影响。

为实现新产品开发与利益相关者和看门人的整合，瓦克罗·马丁（Vaquero Martin）等人提供了利益者相关者模型，该模型分为三部分。

1. 识别，指能够找到和接触影响市场准入和成功的所有利益相关者的能力。通过绘制利益相关者图来了解他们的利害关系，由此促成一个全面的识别过程，避免在利益相关者选择上的偏见。例如，管理人员可能很容易就能接触到高端市场中的一些利益相关者，但当低端市场中有其他距离较远但对企业成功更为重要的利益相关者时，他们需要综合考虑这些利益相关者群体。

2．互动，指与创新所有利益相关者进行信息交换的能力。开放的环境、使用同一种语言及充分互动的方法，如面对面的会议等，都有助于获得这种能力。

3．整合，指在新产品开发流程内部整合来自利益相关者的信息。在这一整合过程中，组织内部可能会排斥来自外部的信息，也可能难以找到满足利益相关者需求的方案，这些都是将要面临的挑战，而系统地运用工具、指标并采取激励措施则有助于解决这些难题。

因此，企业需要一个与下游利益相关者和看门人相关的结构化的流程，以支持低端创新项目的发展。这一流程与侧重和上游合作伙伴（如大学）建立关系以解决技术挑战的实践并不相同。

7.4　确定发展低端创新能力的途径

低端创新需要许多不同的能力组合。那么企业应该从哪里开始呢？首先，企业需要分析前面所描述的有关内部和外部的因素，并为这些因素确定具体的低端创新能力目标系统。例如，要考虑目标市场是新兴市场还是成熟市场？企业是只为低端市场创新，还是同时为高端和低端市场创新？对这些问题的不同回答决定了目标系统的构成。其次，管理者需要分析每个能力维度的现状。企业已经在多大程度上具备了所需的能力？例如，企业现在是否具有大规模生产的能力？是否还缺乏对低端创新文化的了解？最后，考虑前面讨论过的开发每个低端创新能力维度的可能方法，企业需要据此制订能力开发计划。低端创新能力开发流程如图 7.2 所示。

在低端创新能力开发流程的第一步中，企业需要从内部（企业）和外部（市场）特征两个方面来分析其自身的具体情况。图 7.3 提供了一些最重要的问题，描述了 Example InC 公司的情况，并提供了该企业应用目标系统的结果。

图 7.2　低端创新能力开发流程

1

紧迫性分析

主要问题	示例	目标系统示例结果
企业打算只为低端市场创新，还是同时为高端和低端市场创新	Example InC公司面向发达国家的消费者开发并销售了相对高端的产品	· 发展一种兼容文化（而非抑制文化）
企业现在是否已经具备了支持大规模生产的实力和资源	Example Inc是一家中等规模的企业，它已经扩展了几个高端产品，但还没有向低端市场延伸	· 能力开发与大规模生产存在中低程度相关
开发团队和目标市场的决策者相距多远	Example InC公司全部在美国，因此，无论是在地理上还是心理上都与新兴国家的目标市场相距甚远	· 与获取地理上、文化上都相距甚远的消费者的需求高度相关
消费者的需求有多明确	Example InC公司已收到有关每个市场和不同市场的消费者需求的各种各样的信息（高模糊性）	· 与产品开发和市场反馈之间的高度迭代相关
消费者面临着多少约束	Example InC公司的潜在消费者面临许多约束，如有限的财力、身处偏远的农村地区、有限的受教育程度和有限使用公共设施的机会	· 与开发适应低端市场条件的总体解决方案高度相关
目标市场是成熟市场还是新兴市场	Example InC公司面向的是来自不同新兴市场（如乌干达、印度和印度尼西亚等）的低端消费者	· 发展相应能力以突破障碍，确保新产品/新服务能获得市场准入 · 与下游利益相关者建立关系

明确指标体系

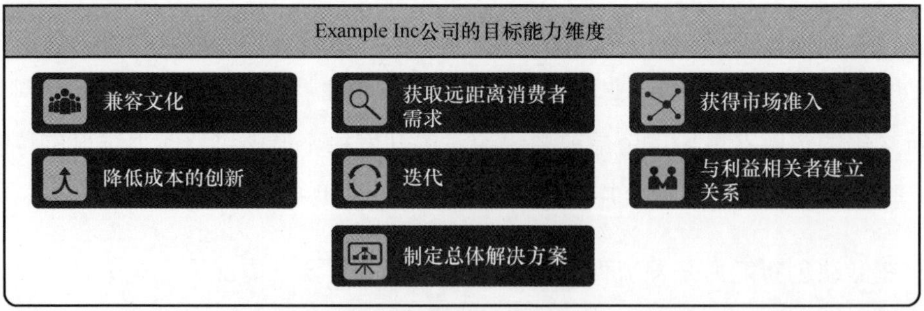

图 7.3　低端创新能力开发流程的第一步

在第二步中，企业需要对自身现状进行分析。要做到这点，企业需要为每个能力维度制定若干指标。图 7.3 为如何制定一套连贯的指标体系提供了建议。此外，在进行第二步时还需要找到一个标杆。例如，企业可以将服务相同或类似受约束消费者的成功企业作为标杆，也可以在内部定出自己的期望值。随后，参照相应的基准或期望值，企业需要对自身现状进行评估。图 7.4 提供了有关第二步整合结果的示例。

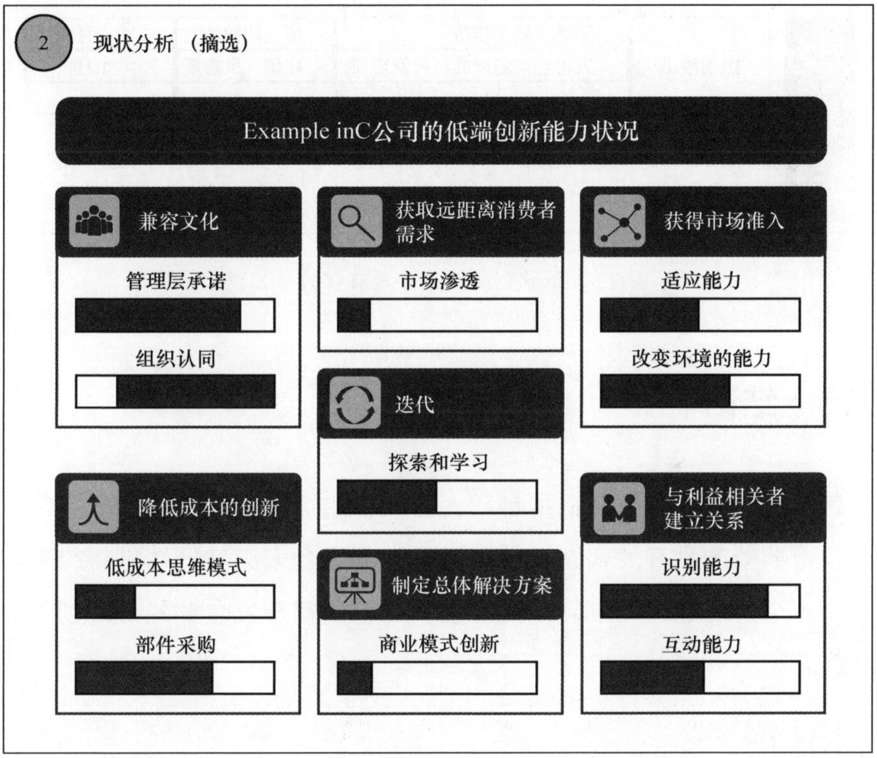

图 7.4　低端创新能力开发流程的第二步

在第三步中，企业需要制订一项具体的行动计划，以提升不完善的能力维度。至于要采取什么样的具体行动，本章 7.3 提供了几个示例。一项具体的行动计划需要设定好目标、明确成功的标准、合理分配责任和资源，并设定完成目标的日期。图 7.5 提供了有关 Example InC 公司行动计划的摘选。

3 能力开发计划制订（摘选）

	方面	行动步骤	职责分配	期限
兼容文化	管理层承若	• 沟通战略	• 职责 · 分配	• 下月
		• 变革问责	• 玛丽 · 迈耶	• 年底
		• …	• …	• …
	组织认同	• 提高认识	• 马克 · 高士	• 年底
		• 调整绩效指标	• 托妮 · 米勒	• 年底
		• …	• …	• …
获取远距离消费者需求	市场渗透	• 组建初始工作坊	• 博 · 约翰逊	• 两个月内
		• 人种学市场研究与开发培训	• 佐伊 · 贝姆斯	• 六个月内
		• …	• …	• …

图 7.5　低端创新能力开发流程的第三步

7.5 结论

本章描述了低端创新和低端创新者会面临的约束，也谈到了低端创新需要一套适应标准新产品开发实践低端创新能力的组合来突破低端创新约束。本章还阐述了八个不同的低端创新能力维度，并就如何开发企业的低端创新能力提供了思路。

【参考书目】

Chesbrough, H., Ahern, S., Finn, M., and Guerraz, S. (2006). Business models for technology in the developing world: the role of non-governmental organizations. *California Management Review* 48 (3): 47–62.

DiDonato, T. and N. Gill. 2015. Changing an organization's culture, without resistance or blame. Harvard Business Review 15 . https://hbr.org/2015/07/changing-an-organizations-culture-without-resistance-or-blame.

Hammond, A. L., Kramer, W. J., Katz, R. S. et al. (2007). *The next 4 billion: Market size and business strategy at the base of the pyramid*. Washington, DC: World Resources Institute.

Hens, L. (2012). Overcoming institutional distance: Expansion to base-of-the-pyramid markets. *Journal of Business Research* 65 (12): 1692–1699.

Khanna, T., Palepu, K. G., and Sinha, J. (2005). Strategies that fit emerging markets. *Harvard Business Review* 83 (6): 4–19.

Meeker, D. and McWilliams, F. J. 2003. Structured cost reduction: Value engineering by the numbers. Presented at The 18th Annual International Conference on DFMA. Newport, RI.

Nielsen. (2015). *Looking to achieve new product success?* The Nielsen Company: Listen to your consumers http://www.nielsen.com/content/dam/nielsenglobal/de/docs/Nielsen%20Global%20New%20Product%20Innovation%20Report%20June%202015.pdf.

Raynor, M. E. (2011). Disruptive innovation: The Southwest Airlines case revisited. *Strategy & Leadership* 39 (4): 31–34.

Schneider, J. and Hall, J. (2011). Why most product launches fail. *Harvard Business Review* 89 (4): 21–23.

Vaquero Martín, M., Reinhardt, R., and Gurtner, S. (2016). Stakeholder integration in new product development: a systematic analysis of drivers and firm capabilities. *R&D Management* 46 (S3): 1095–1112.

Wang, H. and Kimble, C. (2010). Low-cost strategy through product architecture: Lessons from China. *Journal of Business Strategy* 31 (3): 12–20.

Zeschky, M., Widenmayer, B., and Gassmann, O. (2011). Frugal innovation in emerging markets. *Research-Technology Management* 54 (4): 38–45.

【作者简介】

罗尼·莱因哈特（Ronny Reinhardt），博士，德国弗里德里希·席勒-耶拿大学综合管理和市场营销主席的研究助理。他在德国德累斯顿工业大学相继获得了工商管理和工程硕士学位，以及工商管理和经济学博士学位。他专注于创新管理研究，尤其重视对高端创新、低端创新、决策制定及创新适应和阻力的研究。莱因哈特博士曾多次获奖，如管理学院提姆分院最佳学生论文奖、创新和产品开发管理会议托马斯·赫斯塔德最佳论文奖、迪特里希·弗里克博士奖、埃里希环球基金会特别奖及维克多·克伦佩勒研究和学术成就证书等。他的研究成果也被发表在《产品创新管理》《长期规划》《商业研究》《研发管理》《技术预测与社会变革》等刊物上。

第8章 资源短缺型市场的解决方案

阿鲁娜·谢卡尔（Aruna Shekar）

新西兰梅西大学

安德鲁·德雷恩（Andrew Drain）

新西兰梅西大学

引言

本章旨在指导资源短缺型市场中的企业如何针对机遇制订方案。资源短缺型市场是指那些在发展中国家的消费者群体，这些群体中的人往往有很强的适应性，但他们未能充分享受现有产品、服务或基础设施所提供的好处。虽然其他文献中已经使用了许多术语来描述这个群体，如“金字塔底层的、新兴的或发展中的市场”“资源约束型市场”，为了区别起见，作者采用了另一个术语，即“资源短缺型市场”。

虽然资源短缺型市场为创新者提供了许多机会，但产品开发人员必须首先去了解清楚有关用户和市场细分的具体要求。传统方法并不适用于这些资源受到约束的市场环境，因为它们基于西方的理论，并且假定产品开发人员对目标市场和用户群体有基本了解。本章首先介绍了传统新产品开发流程在解决资源短缺型市场约束方面的不足之处。然后，通过一些项目实例来对这些约束进行介绍、讨论和说明，同时，建议调整传统的标准流程，并以此作为一种利用市场约束来提高产品采用率的方式。本章最后介绍了一些有助成功的关键因素，以及为资源短缺型市场开发产品时应避免的陷阱。

8.1 传统新产品开发流程

库珀的门径开发®流程为成熟市场环境下新产品的开发和商业化提供了框架。该模型明确地显示了流程每一阶段应设置的重点，并在交付特定成果处设置了“关口”。它还建议用户在流程的每个阶段进行充分互动，更好地将创意转化为产品。

虽然我们也能提出许多其他的设计流程，但基本观念都是相似的：产生大量的创意、进行用户互动及早期迭代。虽然这些理论的实用性无可争议，但我们看到，成熟（资源充足）市场与资源短缺型市场的产品开发项目成功率有着明显差异 。这是由产品开发人员是否能与资源短缺型市场的最终用户进行有效互动、理解用户所生活的社会文化环境的复杂性来决定的，因用户和市场约束的差异而有所不同。

企业依赖以技术和内部能力为基础的传统新产品开发流程，导致其在向全球市场推出新产品时很少渗透到发展中国家，对那些资源短缺型市场更甚。尽管在资源短缺的情况下开发新产品的唯一最大约束是购买力，但单单考虑购买力而牺牲产品功能和用户期望值，照样是行不通的。在资源短缺型市场环境中，许多产品失败都是因为产品开发人员对用户需求和其他一些问题缺乏深入的了解。产品开发人员应更多地关注“以用户为中心”或“协同设计”，以识别那些与关键约束相关的因素。对于资源短缺型市场来说，新产品开发时需要考虑哪些关键因素呢？

8.2 为资源短缺型市场设计时应考虑的因素

之后给出的例子会着重讲解在设计流程早期就需要考虑的因素。这些因素主要聚焦于识别影响产品需求的用户和市场约束（见表 8.1）。

表 8.1　资源短缺型市场关键因素的研究

用户（每天收入不足 2 美元）	市场约束	产品
■ 教育水平	■ 自然资源	■ 买得起
■ 人力资源和技能	■ 气象条件	■ 耐用
■ 文化、习惯、态度	■ 地理、地形	■ 当地可用材料
■ 需求、目标、价值观	■ 湿度、温度	■ 易于本地维护
■ 职业	■ 当地原材料	■ 满足核心需求
■ 市场规模	■ 物质资源	■ 迎合愿望
■ 财政资源	■ 电力	■ 可用的、可取的和有用的
■ 社会经济水平	■ 交通设施	■ 凭直觉使用
■ 可支配收入	■ 供水	■ 符合法规要求
■ 语言	■ 垃圾清理 / 回收	■ 竞争优势
■ 行为准则	■ 通信系统	
	■ 住宅的大小和风格	
	■ 社会资源	
	■ 社区权力架构	
	■ 与组织的现有关系	
	■ 法规	
	■ 非政府组织和社会型企业网络	
	■ 政府	

表 8.1 中的三列分别是与用户、市场约束和产品相关的特定因素，这些因素在开发解决方案之前就需要研究和考虑。虽然研究结果显示，大多数农民个人收入水平低，接受正规教育水平也低，且通常从事农业活动，但我们要注意的是不要仅仅依赖这些假设。正如本章后面的饭煲示例中所述，人种学技术和角色扮演是了解终端用户需求的有效方式，即产品必须是解决和针对其目标市场的用户的需求的。

产品开发人员应该不断观察和学习农村用户是如何在特定的环境中生活的，必须和用户进行交谈，仔细倾听并了解他们的目标、价值观和态度，同时也要对用户的建议持开放态度。产品开发人员和用户群体之间的相互学习和合作在新产品开发流程早期就必须进行。

对发展中国家的农村市场来说，医疗产品、个人卫生用品和家用电器很少，而要让这些产品在农村市场普及，并不只是简单地将产品运送到农村那么简单。新产品开发人员发现，与发展中国家偏远农村地区的终端用户建立联系极具挑战性，因为二者之间存在语言差异，一些用户群体地处偏远地区，而且缺乏通信等基础设施。

市场环境的差异非常重要，在新产品开发前期必须明确地将其考虑在内。许多新产品开发人员在降低现有产品的成本以进入这些资源短缺型市场时，往往忽略了许多新产品固有的社会和文化价值。为了更好地了解陌生市场、用户、约束、社会文化问题和基础设施，企业往往需要采取新的方法。

产品成功与否的八项指标包括亲和性（Affinity）、可取性（Desirability）、可修复性（Reparability）、耐用性（Durability）、功能性（Functionality）、可购性（Affordability）、可用性（Usability）和可持续性（Sustainability），这是为资源短缺型市场设计的一个实用框架。这八项指标在产品设计流程的早期就必须被考虑在内，并通过实地调查对它们加以验证。而且这些指标有助于将用户和市场的约束与需求转化为产品特征。

在发展中国家的农村地区可能存在很多约束，如电力不足、交通基础设施缺乏、饮用水供应有限、卫生设施差和垃圾管理不善、烹饪方法效率低下，以及劳动密集型的食物生产和运输方法。然而，不存在两个情况完全相同的地区，也就是说，对某些地区的资源短缺情况进行假设可能和不做假设一样充满风险。因此，企业显然需要一种新的方法来理解资源短缺型市场中所存在的复杂的用户和环境约束。

了解人们的生活方式和他们在农村地区的生活条件是至关重要的，但企业或产品开发人员该如何从远离市场之外获得关于新产品开发的深层次信息呢？他们是否应该寻求合作？如果是的话，应该与谁合作？如何合作？他们如何才能了解用户群体的利益相关者和需求？他们又如何对新产品进行实地测试？这些问题将在 8.3 中讨论。

8.3 面向资源短缺型市场的新方法

一些企业已经成功地为发展中国家市场开发了新产品，获得了长期的利润。它们将重点从企业内部能力转移到了对资源短缺型市场组织网络的利用上，并与身处农村的最终用户密切合作，真正了解有哪些需求是产品必须满足的。如图 8.1（a）所示，在成熟市场中，企业直接与其用户进行交互，这是一种典型的用户方法。然而，在面对资源短缺的农村环境时，如图 8.1（b）所示，由于表 8.1 中所列出的种种约束，笔者通常不建议企业采取这种方法。接下来的图 8.1（c）则介绍了为进入资源短缺型市场做准备的一种新方法。企业应通过国际非政府组织（如无国界工程师组织等）来开展工作，并与当地的非政府组织和其他关键利益相关者建立伙伴关系，以获取有关当地用户的信息，赢得该社区的信任。一般来说，在农村都会有如“酋长”或“村长”这样受到该社区人们高度尊重的人物。如果能得到他们的支持，将对企业在社区内进行产品宣传大有裨益。企业和产品开发人员也可以通过与用户社区建立平等互惠的密切合作伙伴关系而获益。双方可以将自己的观点和知识应用到问题解决和产品设计的讨论中。在接下来的内容中，笔者会给出一些有关这方面的例子，通过对几个面向资源短缺型市场失败和成功的新产品开发项目进行总结，得出以下经验教训。

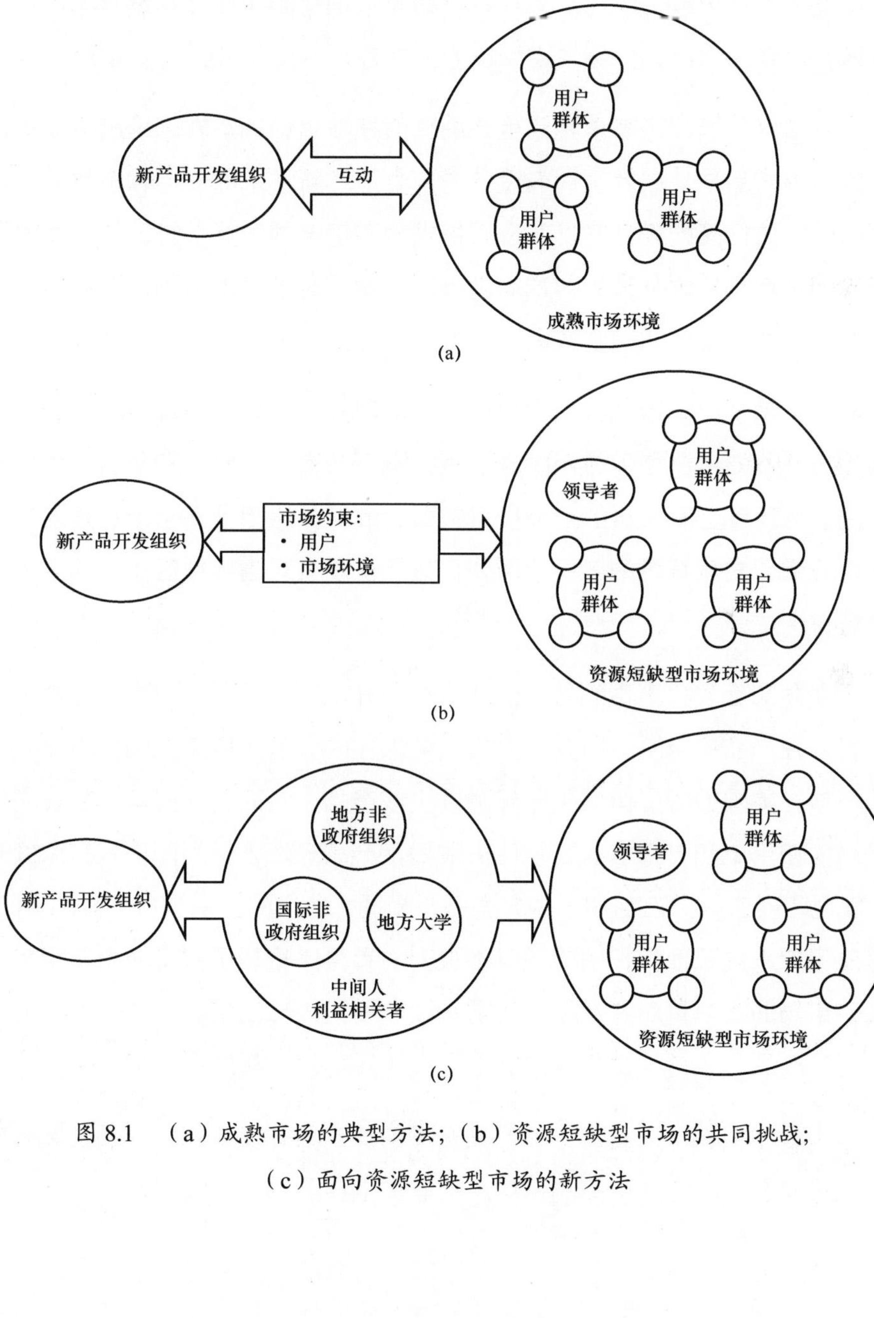

图 8.1　（a）成熟市场的典型方法；（b）资源短缺型市场的共同挑战；（c）面向资源短缺型市场的新方法

失败项目的教训

许多产品失败是因其设计的解决方案依赖于成熟市场里理所当然的公用设施，如不间断的供电或供水等。另一些产品失败则是因为设计师没有与用户进行有效沟通，或者因为没有仔细考虑解决方案中存在的文化差异和隐含意义。

例如，博世和西门子家电集团生产的普洛托斯植物油炉在刚推出时就遭遇了失败，因为该产品是为家庭烹饪而设计的，会涉及新技术的应用和植物油燃料的使用。而当时该产品的设计开发并没有把当地不健全的炉灶系统、植物油燃料供应不足等因素考虑在内。直到对产品进行实地测试时才发现市场环境方面的这些约束，但已经造成了时间和金钱上的浪费。

还有一个例子，向孟加拉国农村家庭供应婴儿配方奶粉也没有取得成功，因为当地的母亲不知道该如何使用配方奶粉，也不知道配方奶粉和普通奶粉到底有什么不同。每年都会有大量的对外投资被白白浪费，原因就在于产品开发人员欠缺对当地风俗、文化背景的考虑。另外，他们也没有对当地社区用户的个人具体情况进行咨询。

一个面向印度农村男性剃须刀的项目在一开始也失败了，因为产品开发人员没有把用户在产品使用阶段所需的自来水考虑在内。为了避免到国外出差，产品开发人员与在美国的印度留学生一起测试了该产品，然而，这些留学生在学校内很容易就能使用电和自来水。在初期失败后，产品开发人员到印度农村家庭实地访问，发现印度农村男性刮胡子的方式各不相同，他们的要求也各不相同。而且，对于这些用户来说，他们把刮胡子时不被刮伤看得比把胡子刮干净重要得多。在针对新兴市场的这些特点并对剃须刀重新设计后，该产品获得了一定的市场份额，因为此时新产品已经与特定的用户需求、市场环境约束都息息相关了。

从以上这些案例可以看出，在产品开发前和产品开发期间，产品创新者对特定市场的访问、与社区成员间的密切互动非常重要。

成功项目的经验

一个有关产品成功发布的例子是印度斯坦联合利华有限公司采用一定的方法向印度偏远地区 50 万个村庄销售洗发水。虽然刚进入这个新市场时公司也面临一些挑战，如缺乏分销基础设施和终端用户可支配收入不足等，但后期对市场调查信息的应用和开发面向特定市场的产品使新产品获得成功。首先，公司开发了一种一次性的小袋洗发水，这就很好地解决了目标市场中存在的“买不起”的问题。其次，该公司会对当地妇女进行销售培训，然后让她们担任产品分销商。

另一个例子是有关 Tunsai(一种水过滤装置。——译者注)的，这是 iDEGlobal 柬埔寨分公司向东南亚农村地区销售的一种新型水过滤装置。它很好地利用了当地生产的黏土罐来过滤水中的污染物，并通过一种简单的设计，使其保持较低的零售价格。以此来看，该产品是成功的，而且后期该公司还有机会生产一种品质更优的产品，其中会包含更多对人体工学和美学等方面的考虑。“超级 Tunsai”的发布则是为了吸引那些新出现的用户群体，为他们提供一种经济实惠、物超所值的产品。

挪威科学技术大学与多个地方组织建立了有效的合作伙伴关系，设计出一种更适合儿童且在柬埔寨潮湿和泥泞的农田中能更好地发挥作用的新型假肢。这些地方组织包括国际红十字会、地区康复中心、金边整形外科部件厂等。这种合作也有助于挪威科学技术大学更全面地了解产品、用户和市场环境方面的约束，从而能生产出一种有成型脚趾、脚底更宽的假肢，帮助使用者走过泥泞的道路。

以上这些成功的案例都说明了从产品成本和分销角度来理解用户购买产品的能力、对拥有产品的渴求，以及追求社会价值的重要性。能够帮助企业了解这种复杂需求的唯一途径就是与最终用户进行直接互动，并与当地组织合作开展有意义的实地工作。

接下来，我们会更详细地描述一个成功的项目实例，解释该如何在柬埔寨的农村进行实地工作的规划和具体实施。正文部分会再次强调在用户生活环境内与其进行互动并与当地组织合作的重要性。这正显示了鼓励利益相关者参与、亲身实践研究和在产品实际应用环境内进行产品测试的重要性。

柬埔寨饭煲：一个与地方组织合作开展有意义的实地工作的案例

该项目对产品失效模式进行了研究，以设计出一种低成本的、用富含甲烷的沼气作燃料的改进版饭煲。作者投身于柬埔寨一家社会型企业（这里称为 A 公司）的产品项目，并与一些国际非政府组织如“无国界工程师”等建立了合作关系。

作者在进行实地研究时，调查了为什么现阶段饭煲的使用量有所下降，以及怎样修改设计才能扭转这种局面。实地调查收集的数据对开发适合市场环境的解决方案并确保项目成功非常重要，当地的生产制造能力和用户习惯对于产品的改进也举足轻重。

项目定义

该项目是由柬埔寨的一个社会组织发起的，基于那些来自农村开发组织和用户的反馈意见。在反馈意见中提到“如果短时间内无法让用户接受饭煲，其使用量就会不断下降”。起初，该饭煲产品是从外部供应商处购进的，并且作为 A 公司主要产品的辅助产品来售卖。A 公司的主要产品是一种大型的有机物发酵器，其产生的沼气可作为厨房木材燃料的替代品。

由于这些饭煲是从国外购进的，A 公司对其设计方面的细节之处或该产品在柬埔寨农村地区的使用情况知之甚少。后来，推出沼气饭煲主要是因为柬埔寨人主要以大米为主食，而且沼气能为他们烹饪大米提供一种清洁能源。

该项目包含以下四个阶段：

1. 产品背景研究

2. 市场环境研究

3. 失效模式分析

4. 产品再设计

本案例的研究重点是第二个阶段，并通过微观人种学技术了解用户对产品的使用和维护的方法。该项目的目的是“重新设计一种拿来就可以直接使用的沼气饭煲，以消除现阶段产品的不足之处，还能在当地生产制造、销售和维修”。同时，也要明确在项目范围内，有哪些当地的生产制造和维修技能是可以利用的。

在项目刚启动时，很少有人知道用户是如何使用这种饭煲的，以及为什么它的使用量会下降。A 公司收到的反馈意见大都是由其在农村开发组织中的联络人通过口头传述的方法提供的，没有任何经验性数据或实物产品来对这些反馈意见进行测试。

反馈意见：

- 短时间内无法接受这种饭煲，再过一段时间想起来使用时，它已经不能正常工作了，可能是部件生锈或气体流动不畅所致。
- 一些农村用户没有妥善维护沼气系统中的重要组成部件，一是因为缺乏相应的知识，二是因为缺乏这些重要的部件。
- 硫化氢（一种具有腐蚀性的化合物，它是在有机物发酵过程中产生的一种副产品）的产生也是导致产品失败的一个因素，因为缺乏相应的过滤装置来减少这种物质。

尽管这些反馈意见经过了一番整理，看起来似乎都是可信的，但整理过程并没有把以用户为中心的设计思维考虑在内。还有一些其他方面的约束，如很难进入偏远的目标市场，人力资源有限，这些都是最初依赖二手信息的原因。

与传统的门径开发流程保持一致

A 公司最初推出的饭煲采用了传统的门径开发流程。引入饭煲产品的创意得到了商业论证的支持，这个商业论证基于进口现成产品的成本相对便宜而形成。虽然沼气发电产品的技术开发已经完成，但作为增加沼气发电产品价值的延伸产品——沼气饭煲很少受到关注。这里假设制造商已经进行了充分开发，市场约束也不需要额外考虑。

对传统门径开发流程的调整

为了确保项目成功，A 公司需要将关注点从内部技术测试转向以用户为中心的可用性和可维护性转变。这一转变要求 A 公司与柬埔寨农村地区的多个最终用户进行更多的接触，并与他们就该产品进行公开讨论。为此，A 公司和当地的农村开发组织联系并建立了合作伙伴关系。

产品背景研究

在前往柬埔寨之前，产品开发人员要对很多方面进行详细调研，从而确保后期的实地工作能有效进行。首先，需要对柬埔寨的文化，如社区的动态、语言和人口信息等方面有大致了解。能与最终用户进行适当并有效的互动至关重要，在解释调查结果和分析用户行为方面也是如此。为了确保这一步能有效地开展，A 公司与当地非政府组织和培训组织在柬埔寨金边共同举办了一些培训讲习班。其次，该公司还对沼气应用时一些其他的化学物质会引起的产品材料腐蚀现象进行了技术研究，并在其他应用中发现了这些问题的解决方法。

市场环境研究

在柬埔寨南部地区的塔科省，对于那些使用沼气饭煲的农村家庭，公司会专门安排一个开发团队来对其进行定期访问。公司在制订基本计划的同时，还要把当地社区的一些优先事项和诸如季风雨的环境状况等考虑在内，在这点上必须学会灵活变通。该计划还要求开发人员和两名当地技术人员一起访问社区中的那些沼气用户，发现已经失效的或即将失效的产品。为了获取对当地产品使用情况的了解，公司还需要使用两种技术：静默观察式人种学（Fly-on-the-Wall Ethnography）和角色扮演。

应用静默观察式人种学这种技术是很困难的，因为公司员工在这方面显然都是外行，所以就要有专门的翻译人员来为他们翻译和解说。因此将工程师作为观察员是很重要的，而且所有活动参与人员都要明确这点。同时，当地的产品供应商还应与活动参与人员进行良好接洽，与最终用户进行正常互动。

为了鼓励社区最终用户和当地技术人员的积极参与，将发生故障的饭煲作为调查和进一步讨论的可视化载体，目的就是让最终用户和技术人员都能积极参与以下三个方面的讨论：

1. 为什么用户认为该产品失败了?

2. 如果有的话，他们又做了什么来修复或最小化这种失效模式?

3. 对于产品改进，他们又有什么建议?

静默观察式活动则会涉及以下三个步骤：

1. 与熟悉当地的人合作，因为他们更易于与社区中的其他人进行互动。在本案例中，公司选择了一名当地的技术人员，因为这些技术人员经常与社区中的家庭进行互动。

2. 围绕有关产品的明确问题进行互动。在这个案例中，我们将重点放在了饭煲的失效模式（可能发生故障的部件）上。

3. 公司员工作为静默观察员出现，但也要时刻准备参与团队互动。更重要的是，开发人员不能充当“看不见的”观察员，因为这可能会给团队带来一种不安的感觉。开发人员应该试着退出互动过程，同时又时刻准备好以一种友好的方式再参与进去。

虽然进行这种人种学活动有助于记录技术人员对产品改进的创意，但同时在产品使用状况方面，它也使公司更难发现是什么原因导致故障出现。为了协助这项调查，公司还需要采用一种有关角色扮演的参与设计技术。

角色扮演的目的就是利用真实的实地场景来进行产品知识的收集，实现对话或静默观察方法无法达到的效果。为了能够做到这点，本节会利用大量的调查问题作为实现手段。开发人员也会请求用户带他们去参观厨房和发酵池等。通过这样的活动，开发团队可以对用户家庭所安装的沼气系统有明确的认识和了解，同时还能发现如雨水、灰尘、害虫，甚至动物等环境因素是否会对产品产生潜在影响。

第一次角色扮演展示的是用户的烹饪习惯：包括食物准备、烹饪和餐后清洁等。角色扮演活动主要按照以下三个步骤进行：

1. 向活动参与人员解说场景。在本案例中需要解说的两个场景分别是使用饭煲烹饪大米和诊断饭煲出现的故障。

2. 为活动的自然发展留够时间。要对活动的开展有所准备，当参与人员处理这些指令并从记忆中提取以形成一个场景时，要尽量放慢进度。当地产品服务商可以在活动刚开始时给参与人员一些提示，但他们应该尽快从中抽身，以避免对活动场景的自然发展产生影响。

3. 保持活动范围的广泛性，并允许活动场景向新的场景过渡。重要的是，产品服务商不要给此活动划定严格的边界。如果将活动场景只局限在一个较小的范围内，他们往往会忽略那些分散但又重要的影响因素。产品服务商可以先在一个明确的小场景里开展活动，然后慢慢向大的场景展开。

在了解到当地的技术人员每个月维修多个饭煲后，产品服务商会请他们在第二次角色扮演中示范他们如何诊断故障，然后会请他们列出一些常见的问题及相应的解决方案。这次的角色扮演又花了不少时间来造势，在活动刚开始时，其中一位产品服务商对饭煲进行拆解。一旦技术人员对活动的预期感到满意，就会花两小时去详细地解释其所面临的若干问题，以及通常会如何解决这些问题。然后产品服务商会向技术人员提出一些其他的设想场景，因为这是一种可以让调查范围尽可能广泛的方法。在这一活动中，关键部件生锈被确认为一种失效模式，此外，还发现产品服务商由于在维护过程中遗漏了润滑油，导致了密封部位断裂的故障。同时，产品服务商还从最终用户和技术人员那里收集了一些有关设计的初步想法。

失效模式分析

进行社区访问后，公司获得了以下两个成果：获得了与产品用户进行互动和维护问题等方面的宝贵信息，并通过收集的信息对损坏的饭煲部件（见图 8.2）进行分析。技术分析不在本章讨论的范围内，光谱分析技术和电子成像技术等经常被用来识别产品组件上的腐蚀类型，通过分析来自沼气池的气体流动，可以检测出那些尚未被发现的破损部件。

图 8.2 沼气饭煲被腐蚀的部件

产品再设计

通过进行实地调查和技术分析，我们发现了许多潜在的产品变化，包括产品关键部件的材料和外形方面的改变，产品使用培训服务不够，备件不足，以及如果在饭煲中设置密封装置就有可能防止在无意中擦掉部件上的润滑油。

这个项目帮助公司发现了下面的这些重要信息：

1. 虽然最初猜的失效模式（源于二手资料）并不准确，但确实为后期该如何访问最终用户提供了指引。

2. 和产品用户的实际互动与组织最初的预期并不相符。

3. 一开始低估了当地技术人员的作用，公司需要对产品的设计和服务给予更多的重视。

实地调查帮助公司确定了该产品有哪些具体的失效模式，此外根据产品经济性和本地制造等主要约束，开发人员可以利用上述模式来对产品的设计改进提出建议。另外，对饭煲进行再设计也会减少腐蚀发生，延长产品使用寿命。

8.4 实地调查的经验教训

接下来会介绍从实地调查中吸取的几点经验教训。

与中间人合作

由于语言和文化方面的差异，开发团队最好能与当地的社会型企业、非政府组织或大学等建立合作伙伴关系。因为这些企业或组织通常会对农村地区用户的行为习惯、产品需求和当地的风俗等比较熟悉。他们已经在当地建立起了良好的人际关系网，包括认识一些当地的翻译人员，双方间也有过合作。

在这一过程早期，社区的领导者或村里的村长也是需要协商的关键利益相关者。能与这些领导者建立合作关系会给产品开发团队带来很多好处，因为社区内的人们都很尊重他们。这些人的支持也将大大有助于产品在新市场的投放，即使当地的合作伙伴会经常与这些重要的社区领导者打交道。

了解市场和用户

产品设计人员必须从一开始就要准备好与用户、社区和当地组织一起合作解决问题。让那些关键的用户参与整个过程，会促使人们讲出他们对产品的不满并给出相应的建议。最终用户通常对当地的环境因素和传统做法都非常了解，对于现阶段当地存在的一些约束和相应的解决方案，他们也有深刻的见解。

在市场约束和环境约束方面，还要把道路、电力、水和无线通信等考虑在内，因为将要开发的产品可能会依赖这些基础设施。虽然有些地区属于资源短缺型市场，但这正好提供了进行基础设施建设的机会。例如，缅甸在短短几年内就从几乎没有任何电信基础设施过渡到了 3G 网络广泛覆盖和廉价互联网、智能手机流行，其中大量国际投资的涌入是一部分原因。如果缅甸农村没有接入移动电话和互联网，那么就会损失可以用于新产品发布的潜在有效通信工具。

了解产品测试所处的社会文化环境也很重要。例如，在亚洲，“给面子”是一种文化，但它往往也会阻碍人们表达他们的批评意见。在柬埔寨进行饭煲实地调查期间，在与当地一个小村庄的女性接触时开发人员就目睹了这一现象。许多商业项目之所以失败，是因为没人把当地用户的行为习惯和态度立场考虑在内。在大多数情况下，实地调查似乎都是在无法确定产品失败的原因之后才进行的，而不是在前期就预先进行。产品失败的其他原因还包括清洁供水、持续供电和昂贵的维修备件等因素，以及对资源短缺型市场中有关基础设施等假设的依赖。

就产品面临的约束而言，我们还必须把产品易生产、可修复、稳定性、满足当地需求的有效性、可购性和简易性等考虑在内。值得注意的是，在资源短缺型市场，人们通常会选择重复使用他们的物品或在损坏时对其进行维修，因为他们可能无力再去购置一个新的。因此，产品应该尽量保持结构简单化和模块化，一些特定的部件可以更换。预计人们会使用一次性用品只是一种假设，需要通过实地调查来对其加以验证。如果在用户眼中，该产品仍能正常工作，那么他们就会再多使用一段时间。因此，必须把产品设计得既结实又耐用，并且可以重复使用，或者其中一些部件相对比较便宜，便于最终用户在必要时进行更换。小包装产品或许更受农村消费者欢迎，因为这让他们也能买得起以前那些因大包装导致价格太贵的产品。

8.5 调整新产品开发流程以适应资源短缺型市场

基于实地调查和其他一些实例，作者建议在标准新产品开发流程中新增两个早期阶段（见图 8.3）：

1. 与当地组织建立合作伙伴关系。

2. 了解用户和市场环境。

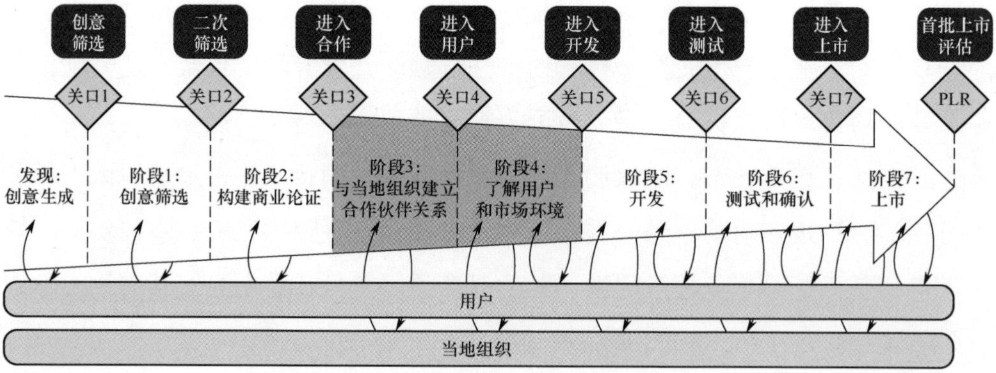

图 8.3 调整新产品开发流程

新增的两个阶段会明确地引导产品开发人员与当地组织建立合作伙伴关系、进行移情设计和获取外部环境知识等，这和确保在传统测试阶段之前就获得相关的市场知识一样重要。“与当地组织建立合作伙伴关系”这一阶段还涉及对当地非政府组织、社会型企业和大学等的研究，因为这些组织最能代表目标市场（在地理、人口统计、用户价值观和目标方面）。同时，企业还需要多与这些关键组织保持联系并建立合作伙伴关系，这需要时间。当在实际环境中进行产品开发和测试变得更简单，甚至更有价值时，这种合作伙伴关系的好处就显而易见了。

“了解用户和市场环境”阶段可能在项目范围界定和产品创意生成阶段就已经初步涉及过。然而，正是在产品开发和详细设计阶段对市场的深入了解（见表 8.1）成了产品成功的关键。在这一阶段，产品开发人员应与当地合作伙伴一起对有代表性的社区进行实地考察。正如上面饭煲案例所示，只有通过与最终用户进行直接互动，产品开发人员才能发现那些潜在的问题。在此阶段可使用怀特海德的八项产品指标，即亲和性、可取性、可修复性、耐用性、功能性、可购性、可用性和可持续性等来帮助构建实地调查方案。

在资源短缺型市场与新产品开发用户交互

产品开发团队和用户之间的相互学习和合作非常重要，因为当地用户对当地的某些问题有着最佳和最充分的了解。最终用户还可以根据自己的知识来为产品团队提供一些比较传统的解决方案和办法，他们所拥有的这些知识都是经过代代相传的。

我们就见过一些当地传统的解决方案，非常好用，如通过使用碾碎的种子来过滤和净化水资源，以及利用天然植物来制造产品容器和包装（以减少或避免使用塑料）。有时，让那些自信又有能力的用户用他们自己的方法来解决遇到的产品问题，有助于产品团队开发出可持续的解决方案。

成功要素

1. 市场渗透。将重点放在新产品开发流程的前端，去研究和了解有关用户、产品需求和外部市场环境约束等非常重要。要用一种更为全面的方式去观察和了解市场环境。

2. 移情设计。真正地去关心用户，关心他们的生活方式，关心他们的需求和愿望，这对生产出更适合用户的产品会发挥巨大的作用。以用户为中心的设计方法可以促进这一学习过程，也能确保生产出来的产品更能满足用户的需求。

3. 实地测试。要想任何产品或服务都能在一个新的市场环境中取得成功，在实现之前，目标用户必须在实地对其进行测试。即使到达这些相距遥远的地点颇具挑战性，但实地测试仍然至关重要。对产品的早期模拟测试可以在实验室中进行，也可以在目标市场的人员中进行。但请注意，上述的那些测试环境可能与实际的农村市场环境并不相同。

4. 合作共赢。关键是要让当地的主要合作伙伴如非政府组织、社区领导和用户、制造商和大学等也参与进来。同时，在一开始就要弄清并界定好他们所能发挥的作用和将要扮演的角色。

陷阱规避

1. 在没有进行前期研究的情况下，不要贸然假设产品在一个新的市场环境中也能运转良好。同时，仅仅关注产品的性能是不够的，还要确保它能在真实的市场环境和条件下正常工作。

2. 不要认为资源短缺型市场中人们的购买决策只受产品的初始成本影响。

3. 不要假设所有资源短缺型市场都是一样的。受社会文化、经济和地理环境等因素的影响，不同地区的市场约束也会有所不同。

提出上述指导方针的目的在于帮助从业人员或企业制订面向社会的解决方案，并开发面向资源短缺型市场的产品。

8.6　结论

本章概述了如何在资源短缺的情况下制订解决方案的成功实践。传统新产品开发流程之所以难以指导国际性企业在资源短缺型市场获得成功，是因为这些流程是建立在西方的实践和市场基础上的。本章借鉴了参考书目中的那些实例及项目经验，并提出了在一个受极端约束的社区进行产品设计时需要考虑的因素。诸如要不要与社区合作伙伴合作，该如何进行实地调查以及需要对标准流程进行哪些调整才能设计出合适的解决方案等，作者在这里也给出了自己的答案。

为了能开发出更适合当地需求的解决方案，在新产品开发流程早期就应该把某些因素考虑在内，并对其展开相应的调查。表 8.1 列出了在为资源短缺型市场进行产品设计时，需要考虑的一些关键因素和约束等。前面所讲的饭煲的案例也描述了在农村市场环境中开展调查和进行实地测试的方法，并以此来确定影响社区或市场环境的特定因素。

针对农村地区的解决方案必须更符合当地居民的实际情况和需要。在早期，与当地主要合作伙伴进行合作将有助于产品开发团队弄清楚当地用户的产品需求和将面临的一些问题，从而帮助团队洞察市场环境方面的种种需求。社区伙伴关系的建立是促进团队设计出适当产品的关键。

总之，在资源短缺型市场中，只使用传统的社会产品创新方法是不够的。一系列商业活动的例子尤其表明，在为资源短缺型市场设计解决方案之前，需要先对市场环境进行深入的前期研究，以确定市场环境和用户对产品设计产生影响的因素。这些市场环境中呈现出的不同用户需求和社会文化习惯，必须在新产品开发流程的早期就加以考虑。调整后的开发流程、成功要素和陷阱规避提供了指导方针，帮助解决现阶段资源短缺环境中导致产品失败的问题，并开发出更为合适的解决方案。

【参考书目】

Chandra, M. and Neelankavil, J. (2008). Product development and innovation for developing countries: Potential and challenges. *Journal of Management Development* 27 (10): 1017–1025.

Cooper, R. G. (2014). What's next? After Stage-Gate. *Research-Technology Management* 51 (1): 20–31. doi: 10.5437/08956308X5606963.

Hussain, S., Sanders, E. B. -N., and Steinert, M. (2012). Participatory design with marginalized people in developing countries: Challenges and opportunities experienced in a field study in Cambodia. *International Journal of Design* 6 (2): 91–109.

Shekar, A. and Drain, A. (2016). Community engineering: Raising awareness, skills and knowledge to contribute towards sustainable development. *International Journal of Mechanical Engineering Education* 44 (4): 272–283.

Whitehead, T., Evans, M. and Bingham, G. (2014). A framework for design and assessment of products in developing countries. http://www.drs2014.org/media/654441/0313-file1.pdf.

【作者简介】

阿鲁娜·谢卡尔（Aruna Shekar），博士，新西兰梅西大学高级讲师，产品开发的主要领导者。她在这所大学已经执教了 20 多年。她一直倡导利用创造力和设计技能来催生有意义的、完全以用户为中心且适应具体情景的解决方案。

谢卡尔博士还与“无国界工程师”组织一起合作主持过为期四年的名为“第一年”的社会创新课程，她和她的学生每年都会获得全国性的大奖。她发表很多主旨演讲，还在几次会议上担任项目主席。谢卡尔博士还是新西兰产品开发和管理协会的基金会董事会成员。2016 年，她被任命为美国产品开发和管理协会全球分支组织的副总裁，与亚太地区的领导者和分支组织进行互动。

安德鲁·德雷恩（Andrew Drain）于 2015 年进入新西兰梅西大学的工程和高

级技术学院并担任讲师，主要负责产品设计和人道主义工程两个方面。他研究的重点是参与性设计流程在与发展中国家的社区一起进行技术创新方面的作用。虽然他的研究中囊括了一系列的工程应用，如卫生设施、烹饪器具和家用电子产品等，但那些针对残疾人的辅助性技术设计才是他真正关注的地方。这是因为发展中国家农村地区的残疾人面临许多挑战，而且，他们非常渴求能参与到当地的社会、宗教和经济活动中去。他曾在医药行业担任产品开发人员，最近则在柬埔寨和印度的农村地区担任顾问。他曾在诸如《合作设计》等以创意为中心的期刊上发表文章，并因其人道主义产品开发工作而获得了红点设计奖。

第9章 在新兴市场中突破约束：印度医疗行业社会型企业的经验

尼维迪塔·阿加瓦尔（Nivedita Agarwal）

德国弗里德里希-亚历山大-埃尔朗根-纽伦堡大学

亚历山大·布莱姆（Alexander Brem）

德国弗里德里希-亚历山大-埃尔朗根-纽伦堡大学

引言

社会型企业是混合型企业，它基于一种经济上可持续的方式，以创新的商业模式来应对现有的社会挑战。这类企业的目标是创造社会影响力，要想企业可持续发展就必须不断创造经济价值。这些企业在新兴市场上的巨大成功引起了商界与学术界的关注。这些企业将商业战略与包容性增长（Inclusive Growth）相结合，达到了令人难以想象的规模，挺进了难以进入的市场。格莱珉银行、孟加拉国康复援助委员会（Bangladesh Rehabilitation Assistance Committee）、阿拉文德眼科护理系统（AECS）和印度纳拉亚纳卫生组织（Narayana Health）就是几个领先典范。比如，格莱珉银行为孟加拉国97%以上的村庄提供微融资服务，而孟加拉国康复援助委员会则成功地给孟加拉国90%以上的偏远地区家庭送去了医疗服务。阿拉文德眼科护理系统和印度纳拉亚纳卫生组织每年会接收 15 000 000 余名盲人和 2 000 000 名左右的心脏病患者，这让印度那些得不到传统医疗服务的贫困人口也得到了救助。

正如在第 8 章中提到的，对于试图在低收入领域实现商业化的企业来说，希望扩大低端消费者群体及寻找接触低端消费者的机会一直都是挑战。越来越多的企业开始采用包容性商业模式（包含客户和供应商），与地方社会型企业、政府和相关方合作，进军之前难以进入的市场。比如，飞利浦公司（Philips）和通用电气公司（GE）已与许多地方银行和其他合作伙伴合作，希望能在资源短缺型市场建立强大的分销网络。挪威电信公司（Telenor）也与格莱珉银行和孟加拉国康复援助委员会合作，开始提供平价的乡村通信服务。雅芳（Avon）和联合利华（Unilever）采用小型特许经营的包容性商业模式，这是一种具有开创性的小额信贷形式，能惠及各地人群。联合利华（Unilever）的印度子公司为地方女性提供销售、贸易和会计培训，同时还培养微型企业的企业家。

鉴于企业对包容性增长的日益重视，本章将从成功的社会型企业及其组织适应能力出发，探讨它们是怎样突破特殊的新兴市场约束来维持收益增长的。以印度医疗行业为例，我们详述了五种不同的方式来突破资源短缺型市场中的基础设施约束。

9.1　新兴市场中的市场与创新约束

毫无疑问，新兴市场在全球经济中扮演着越来越重要的角色。要抓住新兴市场创新的核心，就要懂得新兴市场的特点和创新约束。新兴市场通常同时具有市场性与社会性的约束，如非正规的和落后的基础设施、高度贫穷、失业问题和高贸易壁垒等。这说明新兴市场为企业收益增长提供一定机会的同时，也带来了商业环境较差的问题。

在印度医疗市场上，许多人口得不到基本的医疗服务。用它来解释新兴市场的市场约束是很合适的。目前，印度面临着人口文盲率高、收入差距大、医疗意识低、医疗服务监管结构不完善、看病难等问题，而这些正是其大型医疗服务的分水岭。尽管印度是世界上培养医生数量最多的国家，却仍然面临着医生短缺的问题。印度的医生和总人口比为 1∶1700，远低于世界平均水平 1∶666。大约有 70%的印度医生居住在城镇地区，只满足了 30%的人的需求。这意味着在农村居住的 70%的人因为地缘因素难以得到这些资源和医疗服务。糟糕的社会安全体系进一步恶化了这种情况。任何一种医疗消费都会直接影响人们的可支配收入。由于人们对健康问题的认知度较低和收入上的差距，因此，有些人会把健康问题视作不紧要的事，甚至大部分生活拮据的人则直接忽略健康问题。

在这些特殊的市场条件下，大部分人还无法接受医疗服务，所以，医疗企业的主要挑战就是将这些非用户转为新用户，并改变他们对医疗的态度。表 9.1 从环境、制度和消费者三个层面总结了印度医疗行业面临的市场约束。

表 9.1　印度医疗行业面临的市场约束

市场约束	描述
环境	• 政策和监管机制不完善导致生产环境的不确定性 • 农村地区资源缺乏 • 需要构建进入农村的通道
制度	• 缺少明确法规 • 产品供应缺乏信任
消费者	• 低识字率 • 受基于信仰的制度高度影响 • 低可支配收入 • 低支付意愿 • 非用户

本章重点讲述以包容性战略为形式的组织协调，这对于突破那些特殊医疗市

场约束和激发金字塔底层消费者的经济潜能很有必要，体现了企业和个人怎样转变思考方式，从传统市场战略转向共享型价值创造和以目标为导向的品牌推广来为医疗服务打开市场。

9.2　社会型企业的包容性战略

极度的资源短缺不仅会影响个人还会影响商业环境。在资源短缺地区创办企业，往往会出现极端条件，迫使企业采用创新的商业模式，并要求企业适应新的环境。在新兴市场中，企业主要的组织协调方式就是采用包容性战略来维持经济增长。“包容性”一词指的是以前只是向客户销售产品，而现在将客户整合为价值链中的供应商。包容性商业模式使原本没有参与权的贫困人群加入经济活动中来，它赋予贫困人群所有权和管理控制权，让他们可以就业，可以消费，也可以参与到供应链中。在大多数人没有参与经济活动或被排除在市场外的情况下，企业的包容性增长和主动融入市场也许可以促其成功。已有研究表明，在新兴市场条件下，这种方法和非凡的成功之间有高度相关性。

社会型企业是为产生社会价值而创立的企业类型。它们为社会的福祉实施新的经营理念，让所有人都能得到基本服务。尽管这些企业不以营利为目的，但从长远发展来说，融入产生收益的可持续商业模式是有必要的。

社会型企业肩负着双重使命，既要维持企业在财务上的可持续性，又要创造社会价值，努力通过社会发展创造经济价值。特别是印度医疗市场中的社会型企业，它们用经济合理的方式，在向大众输送世界级的医疗服务中取得了卓越成就。

要创造经济价值，还要为大众提供平价医疗服务，需要组织采取多元化适应手段来突破新兴市场中的众多约束。

我们以眼科护理为例，在印度的所有视力障碍病例中，有近 63%的人患有白内障和糖尿病。80%～90%的眼盲是可以被治愈的，但由于缺少保健意识和农村不完善的基本医疗建设，大多数可被治愈的病例没有得到治疗，从而导致了劳动力大幅减少。这样一来，增加平价眼科护理不仅对社会来说很重要，还能促进其他产业的发展。阿拉文德眼科护理系统（Ararind Eye Care System，AECS）、圣卡拉尼德拉亚（Sankara Nethralaya）眼科医院和西里古里（Siliguri）眼科医院都是向农村地区提供平价眼科护理的成功案例。

阿拉文德眼科护理系统成立于 1976 年，宗旨是为大众提供免费或低价的高质量眼部护理。在过去的 40 年中，它已突破了印度市场中的多种约束，建立了能够盈利的医疗运营体系。阿拉文德眼科护理系统创始人是文卡塔斯瓦米（Venkataswamy）医师，他的理念是将麦当劳的标准化模式复制应用到医疗保障制度中的眼科护理上。为了高效地利用核心资源，并产生附加资源，阿拉文德眼科护理系统采用了多种教育和就业策略，让当地人参与进来，形成社会的普遍包容性增长。阿拉文德眼科护理系统雇用当地女性，给她们做一些眼科护理上常规操作的基础培训，来减少医师 60%～70%的工作量；同当地基层工作者合作开展训练营，建立内部学术组织。这些包容性战略不仅提高了医师利用率，还为当地人提供了受教育和就业的机会。阿拉文德眼科护理系统的例子被其他新兴市场中的（跨行业和地区）社会型企业复制，这也进一步强调了包容性战略的重要性和必要性。

圣卡拉尼德拉亚眼科医院和西里古里眼科医院的创建是以向大众提供平价、高质量的眼科护理为目的的。圣卡拉尼德拉亚眼科医院在为消费者提供免费、高效的眼科护理后，仍能维持自我可持续发展，而西里古里眼科医院则通过积极地让当地基层工作人员参与到价值链中，成功地维持了运营。

还有许多其他社会型企业也通过培训当地医疗人员（也称医疗辅助人员）和地方基层工作者而获得了成功。而在阿拉文德眼科护理系统中，流程标准化是组织中不可或缺的部分。标准化和流程整合确保无论患者所在地情况和支付能力如何，都能获得无差别的服务和药物。这种方式为医疗体系提供了必要的透明度，建立起了信任。阿拉文德眼科护理系统将培训制度化，与政府合作，促进了财务与经营的稳定性，也促进了机会的增加。

这些案例说明了包容性和企业增长之间的直接联系，也体现了让金字塔底层人员参与到价值链中来以突破新兴市场中的约束是多么必要。

下面我们将集中讲述印度医疗行业中的成功社会型企业采用的特殊包容性战略，这些战略让它们突破了新兴市场约束，维持了自身的长期运营。我们的目的是为各种规模的企业提供指导，以寻求在新兴医疗市场中的商业化经营和包容性增长战略。

本章会提供最好的办法，让管理层从长期可持续的角度切入，重新调整他们现有的战略。表 9.2 总结了五项关键任务，这些任务是从印度医疗行业中的成功社会型企业总结出来的，下文将进行详细阐述。

表 9.2　关键任务

关键任务	原因	方法
吸纳中间人	传播意识、提高支付意愿 打造本地口碑和品牌	吸纳社会意见领袖、有高度社区影响力的地方志愿者 通过外部拓展营开展个性化的一对一营销 与政府、非政府组织、保险公司合作
根植于社会	定位特殊消费群 提高消费者接受度	重点关注区域集中 定制化服务 遵循社会规则
内化资源	突破资源约束并创造新资源	建立学术与培训体系 技术地方化 内化资源

续表

关键任务	原因	方法
当地交付服务模式	创建当地分销网络	中心辐射式业务模型 覆盖偏远地区 利用先进技术，如远程会诊
目标驱动品牌推广	打造地区口碑与品牌	与非政府组织、政府合作，为金字塔底层人群带来标准化、透明化的医疗服务 共享价值创造

任务 1：吸纳中间人

新兴市场通常是社会联系极强的公共社会。人们识字率低，并且受宗教制度高度影响。在这样的背景下，当为金字塔底层人群提供服务或产品时，让中间人参与到价值链中来会是一种有效的营销和分销的策略。这些中间人可能包括基层工作者或意见领袖，也可能是社交网站上的青少年明星。他们在传播意识、培养消费者偏好、打造地方企业品牌和口碑方面起着重要作用。

通过中间人建立关系是所有社会型企业的一项重要市场活动。这些中间人通过与患者一对一互动，影响他们的预期，并提高他们的支付意愿。这种人性化营销战略让人们对现有服务有了一定认识，也影响了患者的消费行为。企业通常可以通过与政府和非政府组织合作来识别这些中间人，让他们参与进来。

阿拉文德眼科护理系统、圣卡拉尼德拉亚眼科医院和西里古里眼科医院都有各自的重点关注区域。阿拉文德眼科护理系统和圣卡拉尼德拉亚眼科医院的重点关注区域分别是泰米尔纳德邦（印度的一个州首府）和马杜赖及钦奈及其周围的目标客户。西里古里眼科医院位于印度西南方的西里古里，其重点关注区域放在了当地的茶农社区。

重点关注区域的集中确保了目标客户在语言、文化和消费行为上的一致性，也让服务提供者更容易辨别相关中间人，从而建立人性化的关系。这些眼科护理提供者发现地方基层工作者，如邮递员、教师、政治领袖和杂货店老板对地方社区消费行为有很大影响。因此，对于提供者来说，要培养和影响最终客户，首先要让这些中间人知道眼科护理的必要性和途径，以此来将他们整合到价值链中，进一步传播这种意识。眼科护理组织有了这些中间人，还要雇用毕业生，对其进行基本医疗技术培训，让他们上门推销，与当地人建立一对一的关系。这样就对目标地区进行了更深层的渗透，也影响了目标人群对眼科护理服务的购买意愿。

除了这些中间人，眼科护理提供者还与非政府组织、保险公司和政府合作，这可以为它们的品牌打造口碑，提高人们的信任度。

任务 2：根植于社会

根植于社会有助于企业对当地环境有更深的理解。在不同的新兴市场中，适应其习俗是非常重要的，这有助于企业获得社会认同，增加目标消费群体的购买意愿。企业在新兴市场能否成功取决于其是否适应当地环境，是否建立了民众对其的信任。对像印度这样的新兴市场来说，消费者有着不同的政治背景、不同的宗教和文化信仰，所以社会规则是非常重要的。因此，企业要确保每项战略都根植于社会。为了更好地适应市场，企业有必要深入理解影响患者购买决定的隐性因素，如地方法规、宗教信仰和就业来源。

在像印度这样的多样化市场（Heterogeneous Market）里，社会型企业如果遵循社会规则和当地环境制定战略就可获得潜在利益。

圣卡拉尼德拉亚眼科医院根据文化和宗教背景优化客户资源。它依据当地节日规划服务区域，根据宗教信仰划分患者。由于十月和十一月集中了大多数印度教节日，圣卡拉尼德拉亚眼科医院则会在基督教社区提供更多治疗服务，那里的人们更愿意在这时做手术。这使得圣卡拉尼德拉亚眼科医院的患者全年不断。

阿拉文德眼科护理系统选址在几个村庄的中心，因为那里不仅地理位置优越，还具有实用性，比如人们喜欢到那里购物。

任务 3：内化资源

之前提到，印度在提供高质量、平价和更便捷的医疗服务方面面临着巨大的挑战。印度市场的各企业不仅要解决基础设施不完善的问题，还要解决人力资源短缺的问题。要解决这些问题，确保熟练工人的稳定流动，企业有必要提高当地人力资源的技能水平和生产力。从长远来看，通过建立当地培训和 / 或学术机构或制造设备来对当地环境进行投资，这些对于企业进入印度医疗市场是有帮助的。

所有的医疗辅助人员（注意“辅助”两字）组成了医疗行业中社会型企业的支柱。社会型企业对当地毕业生进行基础医疗技能培训，并聘用他们来减少医师的常规操作工作。这种培训主要是通过内部程序进行的。

阿拉文德眼科护理系统的案例尤其体现了对当地环境进行投资的长期效益。1992 年，阿拉文德眼科护理系统为了开展当地人才能力提高项目，培养人才参与到眼科护理行业，建立了培训与咨询中心——阿拉文德社区眼科研究所。除了给医疗辅助人员、医师、行政人员等提供不同等级的多种眼科护理项目，研究所还给其他眼科医院、代理商和政府眼科护理政策的制定者提供支持。

阿拉文德眼科护理系统还在马杜赖建立了一家名为欧罗实验室（Aurolab）的研发组织，生产光学镜片、刀片和缝线。欧罗实验室不仅为当地人带来了重要的就业机会，还为阿拉文德眼科护理系统减少了 80%的光学镜片成本。阿拉文德眼科护理系统通过这样的资源内化，解决了人力资源问题，并为印度金字塔底层人群提供了平价眼科护理服务。

任务 4：当地交付服务模式

在新兴市场，创造医疗服务机会是一项持续的挑战。而在农村地区，由于缺少基础设施和分销网络，挑战更为巨大。因此，企业需要拓展新的或可替代的交付服务途径，才能在像印度这样的新兴市场中取得成功。采用特殊的交付服务模式，如培养基层工作者成为当地销售力量，利用先进技术如远程会诊或采用中心辐射式业务模型，帮助企业把服务覆盖到金字塔底层原本看病难的患者。在眼科护理行业中，社会型企业展示了几种不同的创新交付模式，这使得医疗服务能轻松进入偏远地区。

阿拉文德眼科护理系统采用了中心辐射式业务模型，并采用远程会诊技术实现了为偏远地区人群提供服务。阿拉文德眼科护理系统在马杜赖设有一个主中心，即“轴”，所有的精密设备和高级人才都汇集在这个轴。然后，不同的辐条（诊所）围绕这个轴，通过技术（如远程会诊）连接。这些诊所坐落在偏远地区，聘用当地医疗辅助人员，可以为患者提供门到门的眼科护理服务，这样一来，患者就不用长途跋涉了。

任务 5：目标驱动品牌推广

新兴市场通常存在腐败和官僚的问题。在新兴市场，由于医疗流程没有受到监管，有相对较多的不合格医生（俗称江湖医生），这在接受治疗的患者中形成了高度的不安全感和不信任感。因此，在印度医疗市场中，提供透明且标准化的医疗服务可以建立信任，赢得声誉。这可以通过与当地著名的医疗组织、政府和非政府组织合作，为患者提供透明的定价体系来实现。其中，跨行业的伙伴关系和与地方非政府组织及其他民间社会组织的长期合作，可以确保企业和社会的直接联系，以帮助企业进行品牌推广。

印度医疗市场中的社会型企业可以很好利用目标驱动品牌推广战略来打造口碑和提升品牌价值。社会型企业重视包容性增长，实现社会目标，这让它们比其他以营利为目的的企业更有竞争力。

阿拉文德眼科护理系统是印度医疗市场上最早（40 年前）出现的社会型企业之一。它是目标驱动品牌推广的范例。该企业通过与政府多年的合作获得了民众的信任和良好的口碑，也获得了极大收益，并且它为社会做贡献的初衷也使其成了一个家喻户晓的品牌。在缺乏强有力的制度和监管结构的情况下，新的（非营利和营利的）医疗服务提供者应当善加运用它们对社会事业的兴趣，获得公众的信任。阿拉文德眼科护理系统的成熟品牌和标准化医疗服务，不仅吸引了金字塔底层的消费者，还吸引了其他收入等级的人群，付费客户的比例逐渐提高。

9.3 结论

在过去的四十年，新兴市场得到了巨大发展。印度等国已成为包容性创新成果的孵化地。这些创新无论是在经济效益还是社会影响方面，都获得了现象级的成功。文中出现的几家社会型企业都开创性地解决了看病难、看病贵的问题。作者以它们为例讨论了几种包容性战略，这些战略对在新兴市场环境中开展经济活动非常有价值。

本章旨在启发商业领袖重新思考他们的商业战略，针对金字塔底层人群制定包容性商业化战略。内容以印度医疗行业的社会型企业为切入点，强调通过吸纳中间人、根植于社会和内化资源实现共享价值创造的必要性。采用创新交付模式和目标驱动品牌推广战略，帮助社会型企业连接与消费者之间的"最后一公里"，也影响了服务对象的选择。

针对突破新兴市场的不同约束，表 9.2 详述了不同的包容性战略和实施案例。在公共社会中，与消费者建立联系，设计消费者的社交网络对于塑造消费者偏好、形成产品意义和可靠性有多重作用。建立地方联盟和根植于社会有助于企业深入了解新兴市场。在联系紧密的社会里，由于信仰和社会政治制度（如宗教、社会团体和政府）的影响，企业必须适应社会规则。如果企业对当地习俗敏感，能很好地适应社会环境，它们在行业市场中更容易成功。相反，在经济发达的市场中，不对新兴市场进行专门分析是不利于企业发展的。

将当地人力资源纳入价值链中的案例展示了内化资源在维持业务运作上带来的多种效益。企业可以通过对当地环境的投资来激活当地自有资源，一方面突破资源紧缺的约束，另一方面提高企业的社会接受度。跨行业伙伴关系的重要性也在目标驱动品牌推广部分进行了强调。

本章还提到，在新兴市场环境下，企业管理者越来越需要对现有业务战略进行反思。包容性战略作为最佳选择在本章被提及。发达经济中现有的业务战略忽略了潜在客户，也低估了包容性战略的重要性。在新兴市场中，金字塔底层人群仍然占大多数，新兴市场的崛起增加了企业对包容性增长的关注，并将包容性增长纳入企业长期发展目标。因此，这些建议可以用来协助企业管理者应对这一改变。由于社会型企业在这方面走在前面，我们从它们的经验出发，提供了以上几个非传统的创新实践建议。

【参考书目】

Agarwal, N. and Brem, A. 2012. Frugal and reverse innovation – Literature overview and case study insights from a German MNC in India and China. In *18th International Conference on Engineering, Technology and Innovation: ICE 2012—Conference Proceedings*, ed. B. Katzy, T. Holzmann, K. Sailer, and K. D. Thoben (Red Hook, NY: Curran Associates), pp. 1–11.

Sheth, J. N. (2011). Impact of emerging markets on marketing: Rethinking existing perspectives and practices. *Journal of Marketing* 75 (4): 166–182. doi: 10.1509/jmkg.75.4.166.

Srivastava, S. C. and Shainesh, G. (2015). Bridging the service divide through digitally enabled service innovations: Evidence from Indian healthcare service providers. *MIS Quarterly* 39 (1): 245–267.

【作者简介】

尼维迪塔·阿加瓦尔（Nivedita Agarwal），博士，德国弗里德里希-亚历山大-埃尔朗根-纽伦堡大学技术管理讲座副教授。她的研究领域主要为新产品开发、社会创业和约束下的创新（以新兴市场为主）。

受金字塔底层存在的挑战启发，她的研究突出了颠覆性技术推动的创新在塑造金字塔底部复杂的创业生态系统中的作用。她已在许多学术期刊上发表评论和文章，如《商业研究》《IEEE 工程管理》《国际技术管理》，她还任《国际企业家创业》杂志的副主编。

亚历山大·布莱姆（Alexander Brem），博士，德国弗里德里希-亚历山大-埃尔朗根-纽伦堡大学技术管理主席。他还任英国德蒙福特大学儿童委托支持资源国际研究助理、西班牙巴塞罗那高级管理学院和德国莱比锡管理研究生院客座教授。另外，他还是清华大学技术创新中心学术委员会委员。2017 年 5 月，他被任命为南丹麦大学荣誉教授。他的研究活动主要集中在高科技企业的研发管理上，包括创意管理、基于约束的创新、用户创新和技术创业。